AF577812

IRISH WHISKEY

Für Chris, die mir das "Uisce Beatha" zeigte
und
für Thomas, mit dem ich es am liebsten trinke.

DANIELA BRACK

IRISH WHISKEY

PHÖNIX VON DER GRÜNEN INSEL

INHALT

EINLEITUNG

THE JUICE OF BARLEY

HERE'S HEALTH AND PROSPERITY

PLATZHIRSCHE UND PHÖNIXE

EINLEITUNG

WARUM EIN BUCH ÜBER IRISCHEN WHISKEY

*„Gesundheit und ein langes Leben für Dich,
Land ohne Pacht für Dich,
die Frau (oder den Mann) Deiner Wahl für Dich,
ein Kind jedes Jahr für Dich,
und mögest Du eine halbe Stunde im Himmel haben,
bevor der Teufel erfährt, dass Du tot bist!"*

Die Iren verfügen über ein schier endloses Repertoire an Trinksprüchen, das sich über die Jahrhunderte entwickelt und erhalten hat. Auch wenn einige heute antiquiert anmuten mögen, so ist ihr Ziel damals wie jetzt doch das gleiche: Sie sind Wünsche und Segen für die Familie, für Freunde und auch Fremde – und ihr wirkliches Wesen, ihr tieferer Sinn erschließt sich einem erst mit einem Glas irischen Whiskeys in der Hand.

Und in der Tat gibt es zwischen (London-)Derry und Cork, Galway und Dublin gute Gründe, das Glas zu heben: Denn die Whiskey-Nation Irland – und ich meine damit die Republik wie auch Nordirland – erlebt seit den 2010er Jahren eine Art Wiedergeburt, eine Renaissance ohnegleichen. Jahrzehntelang fast in Vergessenheit versunken, stehen die feinen Tropfen von der grünen Insel seit ein paar Jahren wieder für Eigenständigkeit, Handwerkskunst und Innovation. Und sie stoßen auf großes internationales Interesse – bei Kennern genauso wie bei Einsteigern.

Doch der aktuelle Boom des Irish Whiskeys hat eine lange Vorgeschichte. Gavin D. Smith, einer der weltweit führenden Whisky-Autoren, verglich die irische Whiskey-Nation einmal mit einem Boxer: In der neunten von zwölf Runden in den Seilen hängend, verprügelt von den schwergewichtigen amerikanischen wie den leichtfüßigen, schnell-schlagenden schottischen Herstellern. Doch der angeschlagene Boxer kommt, ganz in der Tradition eines Jimmy McLarnin, wieder auf die Beine, findet langsam sein Gleichgewicht und kämpft sich aus der Ecke heraus.

Mehr noch: Er schlägt zurück. Für viele fast noch unbemerkt, hat Irish Whiskey in den vergangenen Jahren einen Siegeszug angetreten. Seit 2011 setzen irische Whiskeys wieder Maßstäbe in der Welt feiner Spirituosen und müssen auch den Vergleich mit den übermächtigen Cousins aus Schottland keinesfalls scheuen. Das Land lässt das angestaubte Image zwischen grünen Wiesen, rothaarigen Bewohnern und Gläsern voller Stout-Bier hinter sich – statt Klischees zu pflegen, präsentieren Irlands Whiskey-Macher seit einigen Jahren regelmäßig aufregende und innovative Whiskeys. Das wird geschätzt, und so ist es nicht verwunderlich, dass irische Whiskey-Marken derzeit den am schnellsten wachsenden Anteil im gesamten Bereich der Premium-Spirituosen repräsentieren. Dennoch ist irischer Whiskey im deutschsprachigen Raum noch immer ein Geheimtipp.

Das wird sich ändern. Während viele von einer Renaissance der alten Whiskey-Nation Irland sprechen, muss bei genauerer Betrachtung vielleicht eher von einem Urknall und einer neuen Zeitrechnung in der irischen Whiskey-Welt gesprochen werden: Gab es vor ein paar Jahren gerade einmal noch drei Produzenten, sind nun wieder sechs mal so viele aktiv, 16 weitere geplant. Das Big-Bang-Puzzle reicht dabei vom Bau neuer Destillerien, der Reanimierung alter Anlagen und Marken über die Eröffnung kleinerer Boutique-Destillerien bis hin zur Ankündigung neuer, unabhängiger Abfüller.

Dabei ist die Entwicklung der vergangenen Jahre – wie alles auf der Insel, auf der mehr Schafe als Menschen wohnen – eng mit Personen und Geschichten, mit Traditionen und Visionen verbunden. Das Whiskey-Land Irland wandelt sich seit 2011 kontinuierlich: weg von wenigen Produzenten in der Hand großer Konzerne, hin zu einer Vielzahl unabhängiger und nicht selten familiengeführter Destillerien. Eine Auferstehung aus der Asche der Vergangenheit. Kein Wunder, dass der Vater dieser Entwicklung, John Teeling, seinem Whiskey stolz einen Phönix auf die Flasche setzte …

Sicher ist die Entwicklung in Irland auch dem zum Teil irrationalen Preisanstieg bei Single Malts des großen Nachbarn Schottland zu verdanken. Selbst wenn diese Entwicklung in den nächsten Jahren vermutlich anhalten wird, so müssen sich irische Whiskeys bei ihrer Aufholjagd doch keineswegs auf ihre vergleichsweise verbraucherfreundlichen Preisniveaus verlassen. Denn irische Whiskeys sind – wie schon die Schreibweise mit e nahelegt – völlig eigenständige Tropfen mit gänzlich verschiedenen Geschmacksprofilen, die durch die traditionell verschiedenen und einzigartigen Herstellungsweisen (Mälzen, Maischeprozess, dreifache Destillation) und Zutaten bedingt sind. Dadurch entstehen Whiskeys, die es so nur in Irland gibt!

Was wenige wissen: Irlands Whiskey-Tradition ist in etwa so alt wie die der schottischen Cousins – und nicht weniger ruhmreich. Und sie wird in den nächsten Jahren neu erblühen, denn mit einem wie auch immer gearteten „Brexit“ wird Irland die einzige traditionelle Whiskey-Nation innerhalb der EU sein. Es ist also nur eine Frage der Zeit, bis sich Whiskey-Einsteiger wie auch Kenner den feinen Tropfen von der grünen Insel verstärkt zuwenden.

Dieses Buch soll Sie daher ein Stück weit in die Geschichte der Whiskey-Nation Irland eintauchen lassen, um die Entwicklung vom „angezählten Boxer“ zum „Phönix aus der Asche“ aufzuzeigen. Es soll aber auch Chronist der neuen Zeitrechnung sein, Lexikon der traditionellen Rohstoffe und Herstellungsprozesse, genauso wie Bestandsaufnahme der Bandbreite verschiedener Sorten und etablierter Marken. Dabei bleibt das Buch aber nicht rein deskriptiv, denn ich versuche auch einen Blick in die (zweifelsohne) spannende Zukunft der Whiskey-Nation Irland werfen.

Daher werden auf den folgenden Seiten nicht nur die Akteure der aktuellen Entwicklung porträtiert, sondern auch ihre Produkte. Eine Übersicht und Vorstellung aller aktuellen Brennereien wird mit kurzen Verkostungsnotizen ihrer typischen, den Stil des Hauses am besten wiedergebenden Destillate ergänzt.

Auf einen ausführlichen Verkostungsteil aller derzeit erhältlichen Whiskey habe ich indes bewusst verzichtet, um das Buch mit Blick auf die zu erwartende Vielzahl neuer Whiskey-Releases in den kommenden Monaten und Jahren nicht allzu schnell veralten zu lassen.

Stattdessen wird es unter **www.irish-whiskey-buch.de** eine Online-Ergänzung des Buches geben, die in regelmäßigen Abständen mit Neuigkeiten rund um Irish Whiskey – von Terminen hier bei uns über Nachrichten aus den Destillerien – aktualisiert wird und auf der sich Verkostungsnotizen neuer Abfüllungen mit entsprechenden Bezugsquellen finden.

Dies alles soll Einsteigern wie Genießern Lust auf die feinen Tropfen von der grünen Insel machen und nützlicher Kompass in der alten und neuen Welt des Irish Whiskeys sein. In Irland würde man nun sicher wieder die Gläser erheben und einen Toast auf gutes Gelingen anstimmen. Warum auch nicht – doch fällt mir davor noch eine Episode über Winston Churchill ein, der seine jüngsten Kindheitserinnerungen der grünen Insel verdankt und die ich letztens las. Die darin beschriebene Situation trifft geistreich auch auf die kommenden Seiten zu: Bei der Durchsicht eines von Churchills Manuskripten bemerkte ein Redakteur anerkennend, dass dies ja ein beachtliches Stück Arbeit gewesen sein müsse. Churchill antwortete in der ihm eigenen Direktheit: Ja, das träfe zu – und er habe dabei wohl mehr Whisk(e)y getrunken als jeder andere vor ihm … In diesem Sinne: *Sláinte*!

Daniela Brack

Geschrieben am Kaiserstuhl im Jahre 2018,
im Glas einen feinen Single Pot Still Irish Whiskey

AUFSTIEG, NIEDER- GANG UND WIEDER- GEBURT

DIE GESCHICHTE DES IRISH WHISKEYS

"Each drink precedes a story"
(irisches Sprichwort)

Wie auch bei den schottischen Nachbarn ist die Entwicklung Irlands zur Whiskey-Nation von Rang kein linearer, stetiger Prozess gewesen, sondern gleicht über die Jahrhunderte hinweg vielmehr einer Sinuskurve – gezeichnet von Hochs und Tiefs in den vergangenen 1.600 Jahren. Doch egal, ob gute oder schlechte Zeiten – sie sind und waren immer eng mit Geschichten und Geschichte, Tradition und Visionen, Köpfen und Charakteren verbunden.

DER ANFANG: VON MÖNCHEN UND KÖNIGEN

Auch wenn das Rätsel, wo der erste Whisk(e)y gebrannt wurde – in Irland oder in Schottland –, an dieser Stelle nicht final geklärt werden kann, so steht doch fest, dass missionierende Mönche ab dem 4. Jahrhundert nachweislich die Kunst des Destillierens aus dem Mittleren Osten mit auf die grüne Insel brachten. Als der Heilige Patrick im Jahre 432 n. Chr. von Frankreich nach Irland aufbrach, wollte er ohne Zweifel in erster Linie die dort lebenden Heiden bekehren, machte sie aber wohl auch mit der Kunst der Destillation vertraut wie bereits einige seiner Brüder zuvor.

Die ersten Destillationsapparate hatten indes nichts mit heutigen Anlagen gemein – genauso wenig wie das Endprodukt. Die Brennblasen waren kugelförmige Gebilde aus Ton statt aus Kupfer und sollten vor allem dazu dienen, heilsame Öle aus Kräutern und Pflanzen zu extrahieren. Der anfangs rein medizinisch begründeten Anwendung hat Whiskey wohl auch seinen gälischen Namen "*Uisce Beatha*" – zu Deutsch „Wasser des Lebens" – zu verdanken.

Jahrhunderte lang gab es keinerlei schriftliche Aufzeichnungen über die Kunst, das Wasser des Lebens zu gewinnen, haben die Iren doch fast ihre gesamte Geschichte und Kultur zu dieser Zeit erzählend weitergegeben. Dennoch ist bekannt, dass die Mönche der grünen Insel in den folgenden Jahrhunderten, zu einer Zeit, als die bekannte zivilisierte Welt nach dem Zusammenbruch des römischen Imperiums im Dunkel versank, zu einem wahren „Goldenen Zeitalter" verhalfen. Zwischen dem sechsten und neunten Jahrhundert galt Irland als die „Insel der Heiligen und Gelehrten", zu der Studierende wie große Denker aus der ganzen Welt pilgerten.

Die Mönche bewahrten nicht nur die Religion und das Wissen, sondern sie führten auch die Geschichtsschreibung in Irland ein. So ist verbrieft, dass zu Beginn des 14. Jahrhunderts, als erstmals die Pest, der „Schwarze Tod", auf die grüne Insel kam, Gesunde wie gerade erst Erkrankte von den Mönchen mit einer klaren Flüssigkeit eingerieben wurden, die wie Feuer brannte. Die Tinktur wirkte, senkte auf unerklärliche Weise die Sterblichkeitsrate und half so vielen Patienten, am Leben zu bleiben – und war nichts anderes, als das nun so genannte „Wasser des Lebens", das *Uisce Beatha*. Was damals wie ein Wunder schien, ist heute eine bekannte Tatsache: Alkohol ist ein natürliches Desinfektionsmittel.

Und was sollte die Mönche, die Heiler und Wissenschaftler ihrer Zeit, später davon abhalten, statt der Pflanzen auch das vielerorts verbreitete bierähnliche Getränk zu destillieren und mit dem Ergebnis abseits medizinischer Indikationen zu „experimentieren"?

Wie das Wort „Whiskey" dann Teil der englischen Sprache wurde, ist eine Art Treppenwitz der Geschichte. Als die Truppen des englischen Königs Henry II. 1170 uneingeladen Irland besuchten, übernahmen sie erstaunlich schnell die Liebe der Inselbewohner für das *Uisce Beatha*. Doch auch nach einigen vollen Bechern fiel ihnen die korrekte Aussprache schwer, und so wurde aus dem gälischen „Uisce" für Wasser, ausgesprochen: „ish-ke", im Laufe der Zeit „Whis-ke" – und daraus wiederum das „Whiskey" von heute. Mit der Rückkehr der Soldaten des Heeres fand dann auch der Whiskey seinen Weg nach England.

Zwar finden sich Anfang des 14. Jahrhunderts im *Red Book of Ossory* erste Belege dafür, dass *Uisce Beatha* auch für „innere Anwendungen" – sprich: den Genuss – produziert wurde, doch das Geheimnis um die Herstellung verblieb weiterhin allein in den Klöstern. Vermutlich mit der Zerstörung der Klöster unter Henry Tudor wurde Whiskey dann auch ein gefragtes Getränk der gesellschaftlichen Elite und stieg zu königlichen Weihen auf. Tatsächlich ist belegt, dass auch Königin Elisabeth I. sehr vom „Wasser des Lebens" angetan war, genauso wie später im fernen Petersburg Peter der Große, Zar von Russland, der 1682 alle Welt wissen ließ: „Von allen Weinen ist der irische der Beste".

Elisabeth I., die sogar von sich behauptete, sie sei „zum Teil" irisch, kam wahrscheinlich durch ihren Günstling Sir Walter Raleigh auf den Geschmack, denn Raleigh hielt auf seinen Reisen öfters in Cork, um, wie er einmal notierte, „… ein willkommenes Geschenk in Form eines 32-Gallonen-Fasses des für den Earl of Cork destillierten Uisce Beatha …" in Empfang zu nehmen.

Irland kann für sich in Anspruch nehmen, dass die erste offiziell genehmigte Destillerie auf der Insel stand: Im Jahr 1608 erteilte König James I. einem Landbesitzer namens Sir Thomas Phillips die erste Lizenz. Phillips gehörte damals ein Gebiet im Norden der Insel namens „Rowte", das bereits einige Destillerien beherbergte und zu dem auch das Örtchen Bushmills gehörte. Die erteilte Lizenz galt zwar für alle Brennereien auf den Besitzungen, doch sie ist bis heute der Grund, weshalb sich die Old Bushmills Distillery darauf beruft, die älteste Destillerie der Welt zu sein.

In den folgenden Jahrhunderten entwickelte sich irischer Whiskey zu einem wahren Weltmarktführer: Whiskey von der grünen Insel, der wegen des milden Klimas und der geringen Temperaturschwankungen sehr gleichmäßig und harmonisch reift, galt lange Zeit als der beste der Welt und dominierte – bis weit ins 19. Jahrhundert hinein – den europäischen Markt. Beim Wort „Whiskey“ dachte man automatisch an die feinen Tropfen von der grünen Insel!

Irish Whiskey wurde in alle Regionen des britischen Empires geliefert, in ein Kolonialreich, in dem wegen seiner großen geographischen Ausdehnung die Sonne damals nie unterging. Der Aufschwung zeigte sich aber vor allem auf der Insel selber. Um 1750 gab es darauf rund 1.000 Brennereien; Dublin war nicht nur lange Zeit die zweitgrößte Stadt im Vereinigten Königreich, hier standen auch die fünf größten Destillerien des Landes. Doch nicht nur in Dublin, sondern auch in allen größeren Städten der Insel blühte das Brennerei-Wesen: Städte wie Cork im Süden oder Belfast im Norden entwickelten sich zu Zentren der Whiskey-Destillation. Die Branche blühte und es war die Ära der großen irischen Whiskey-Dynastien wie den *Jamesons* und *Powers*.

Als die britische Verwaltung 1785 eine Steuer auf gemälzte Gerste erhob, zeigten sich die Iren wie gewohnt findig. Sie verwendeten einfach neben der gemälzten auch ungemälzte Gerste, die nicht unter die neue Steuer fiel, und verminderten so die teure Zutat. Die mit dieser Mischung hergestellten Whiskeys durften nun aber nicht mehr Malt Whiskey genannt werden. Da sie aber wie gehabt in den bauchigen Pot-Still-Brennblasen gebrannt wurden, nannte man sie einfach *Pot Still Whiskeys* (siehe auch Seite 38).

Zu der Zeit begann man in Dublin für das Mälzen der Gerste Kohle statt des traditionellen Torfs zu benutzen. Jahrhunderte lang wurden Torffeuer für das Trocknen und Brennen benutzt, da Irland keine Kohlevorkommen aufweisen konnte. Mit dem importierten Brennmaterial sollte die Produktion beschleunigt werden – auch, indem man den Rauch nicht mehr direkt durch die zu trocknende Gerste blies. Das Ergebnis: Ohne den Kontakt der Gerste mit dem Torfrauch entstand ein leichterer, weicherer und milderer Whiskey. Ein Geschmacksbild, das man auch heute noch bei den meisten Whiskeys aus Irland so findet – und das sie einzigartig macht.

Der so hergestellte filigrane Whiskey fand schnell auch außerhalb der Insel Freunde. Nicht nur die Engländer, sondern auch Kanadier und Amerikaner liebten die leichten, ungetorften Destillate und zogen sie denen aus Schottland vor. Treue Kunden im Inland und boomende Exporte: Alles in allem entwickelte sich die irische Whiskey-Industrie während des 18. und 19. Jahrhundert hervorragend.

Doch was passierte danach und sorgte dafür, dass der Weltmarktführer fast von der Bildfläche verschwand? Was war der Grund, weshalb die Iren im 19. Jahrhundert rund 60 Prozent des Weltmarktes mit ihrem Whiskey bedienten – es um 1960 aber gerade noch zwei Prozent waren?

Erste Wolken am strahlenden irischen Firmament zeigten sich 1830, als Aeneas Coffey, ausgerechnet ein Ire, in England eine Methode der kontinuierlichen Destillation erfand. Der Clou der neuen Methode: Mit ihr konnten in Brennsäulen große Mengen Whiskey schneller und billiger produziert werden.

Anschauliche Darstellung des *Angels' Shares* während der Reifung in Fässern bei Kilbeggan.

Bis zu diesem Tag brannte man in Irland ausschließlich in so genannten Pot Stills, in kleinformatigen, runden Kupferbrennblasen, die einen aufwändigen Brennprozess erforderten. Es gab drei Brenndurchläufe und das dauert lange. Diese Art des Brennens gibt irischem Whiskey aber auch die besondere Milde und Süße, die ihm bis heute sein Alleinstellungsmerkmal verleiht.

Die Erfindung der kontinuierlich arbeitenden *Coffey Stills* hatte einen nachhaltigen, dramatischen Effekt: Während sich die Schotten in den folgenden Jahren auf die kontinuierliche Coffey-Destillation verlegten und die damit industriell hergestellten Whiskys in Massen exportierten, blieben die Iren zum großen Teil beim Pot-Still-Brennverfahren. Vielleicht war es eine gewisse Dickköpfigkeit, vielleicht aber auch nur die Tatsache, dass ihnen der so gebrannte Whiskey einfach besser schmeckte. Warum auch immer, in jedem Fall verloren die irischen Produzenten ihre Vormachtstellung und überließen den Schotten fast freiwillig einen unschätzbaren Wettbewerbsvorteil.

Vor allem die kleineren Destillerien auf dem Lande beharrten auf der traditionellen Brennmethode. Als der irische katholische Geistliche Theobald Mathew dann 1838 einen Abstinenzler-Verein gründete, der Alkoholabstinenz verlangte und riesigen Zulauf bekam, wurde es zunehmend schwerer für die kleinen Destillerien. Viele gaben auf und schlossen ihre Pforten.

Der zweite Einbruch kam kurz darauf, im Jahre 1854, mit der großen Kartoffelpest und der daraus resultierenden Hungersnot, die zusammen mit der folgenden Cholera- und Typhus-Epidemie geschätzt eine Million Iren das Leben kostete. Im Vertrauen auf die stets durstigen Landsleute und die bis dato stabilen Binnenumsätze hatten die Iren zunehmend den Export vernachlässigt, was sich nun erstmals schmerzhaft bemerkbar machte: Der Weltmarktanteil irischen Whiskeys sank von 60 Prozent im Jahre 1830 auf gerade einmal 35 Prozent um die Jahrhundertwende. Das goldene Zeitalter der Whiskey-Nation Irland ging unübersehbar zu Ende.

DER NIEDERGANG: HOCHMUT UND MONOPOLE

Das deutlichste Anzeichen für den drohenden Niedergang zeigte sich mit der Wirtschaftskrise Anfang des 20. Jahrhunderts, die den Binnenkonsum in Irland nochmals drastisch reduzierte und vor allem den verbliebenen kleineren Destillerien auf dem Land den Garaus machte.

Dazu kam der anscheinend unaufhaltsame Aufstieg des Nachbarn Schottland als Whisky-Nation. Die Konzentration auf den Binnenkonsum mag ein Zeichen für die selbstgenügsame Einstellung der Iren gewesen sein, das Festhalten am Mantra, wirklich guter Whiskey könne allein in Pot Stills erzeugt werden, war aber in dieser Zeit gefährlicher Hochmut. Seit der Erfindung der kontinuierlichen Destillation durch Aeneas Coffey hatten sich die Schotten auf die neue, industrielle Brennmethode gestürzt. Als sich der so gewonnene Alkohol aus Malz dann durch eine Gesetzesänderung 1909 auch Whisky nennen durfte, fluteten die Schotten die Märkte mit ihrem schneller und billiger produzierten Destillat – während die Iren weiter eigensinnig an dem zeitaufwändigen und teuren Brennen in ihren kleinformatigen Kupferkesseln festhielten.

In diese Zeit fällt wohl auch die Entscheidung für die augenfällig andere Schreibweise des Irish Whiskeys mit einem „e". Man wollte sich damit auch optisch von der Konkurrenz der schottischen Brennereien absetzen.

Doch die Folgen der harten Konkurrenz aus Schottland blieben: Ende des 19. Jahrhunderts kämpften die irischen Hersteller mit Überkapazitäten, vollen Lagerhäusern und Absatzproblemen. Die Lage verschlechterte sich weiter, als die Iren im Osteraufstand 1916 erneut gegen die britischen Besatzer rebellierten. Durch das folgende Embargo brach zuerst der direkte Export ins Vereinigte Königreich ab. Mit der Unabhängigkeit Irlands 1921 fiel dann für die junge Republik auch der gesamte Export in die britischen Kolonien und damit der wichtigste Exportmarkt durch die nun hohen Importzölle weg. Nur *Bushmills* aus Nordirland durfte noch ins Commonwealth liefern.

Damit nicht genug: Fast gleichzeitig machte die Prohibition in den USA auch den zweitwichtigsten Exportmarkt zunichte. Die Vereinigten Staaten jenseits des Atlantiks waren auch und vor allem wegen der zahlreichen irischen Emigranten immer ein sicherer Markt gewesen, der den irischen Produzenten nun aber auf lange Zeit verschlossen bleiben sollte. Denn während sich die Iren während der Prohibition ungewöhnlich brav an die Verbote hielten, belieferten die Schotten ihre Kunden in den USA munter weiter, ohne sich um deren Probleme mit der Deklaration vor Ort zu kümmern.

Nach dem zweiten Weltkrieg brauchte Irland lange, um sich von den Folgen der Entwicklungen zu erholen. Die unmittelbarste Konsequenz war eine einzigartige Konzentrationswelle unter den irischen Whiskey-Produzenten. Fast alle kleinen Destillerien, vor allem die noch auf dem Land verbliebenen, gaben die Produktion auf. Auch so berühmte Namen wie *Tullamore* oder *Kilbeggan* mussten Mitte der 1950er Jahre den Betrieb aufgeben, große Marken wie *Jameson* oder *Powers* schlossen ihre Brennereien an der Ostküste. Die gerade noch drei verbliebenen Produzenten – die *Cork Distilleries Company, John Jameson & Son* sowie *John Power & Son* – versuchten sich 1966 gegen den Trend zu stellen und schlossen sich in der *Irish Distillers Group* zusammen, die an einem gemeinsamen Standort, Midleton im Süden Irlands, produzierte. Ein paar Jahre später, 1970, schloss sich den *Irish Distillers* dann auch *Bushmills* aus dem Norden an. Doch das Verschwinden war nicht aufzuhalten: Einige Whiskey-Brands starben einfach aus – andere retteten sich damit, dass sie nach gleichem Rezept, aber von Externen auf fremdem Destillationsgerät in Midleton weiter produziert wurden. So konnten zumindest einige wenige Marken überleben.

Doch am Ergebnis änderte das nichts: Von den einst mehr als 90 Whiskey-Destillerien der Insel waren Anfang des Jahrtausends nur noch drei übrig. Von den einstmals 60 Prozent Weltmarktanteil waren im Jahre 1960 nur noch zwei Prozent übrig. Wurden 1925 noch mehr als 2,6 Millionen Liter Whiskey pro Jahr exportiert, waren es 1965 gerade einmal 780.703 Liter.

Als wäre dies alles nicht schon schlimm genug, trat 1988 der französische Getränkekonzern *Pernod Ricard* auf den Plan und kaufte die *Irish Distillers Group*. Damit war keine einzige Whiskey-Destillerie Irlands mehr in irischer Hand!

Was anfangs viel Aufregung und Empörung hervorrief, wurde schließlich zur Grundlage für die Rettung des Irish Whiskeys. Als internationaler Getränkemulti konnte *Pernod Ricard* sehr viel Geld in Vertrieb und Marketing stecken und sorgte so dafür, dass Marken wie *Jameson* oder *Paddy* auch in den Folgejahren immer am Markt präsent waren und irischer Whiskey damit nie ganz aus der Wahrnehmung der Kunden verschwand. Aus heutiger Sicht ein Vorteil von unschätzbarem Wert für die nachfolgende Entwicklung.

Und die Franzosen weckten unbewusst einen neu aufkeimenden Whiskey-Patriotismus bei einigen Iren …

Die drei Brennblasen – mit Spiritsafe in der Mitte – in der *Teeling Destillerie*

DIE WIEDERGEBURT: JOHN TEELING UND DIE NEUE ZEITRECHNUNG

Im Zuge des Wirtschaftsbooms der 1980er und 1990er Jahre trat ein junger, verrückter Ire – so dachten zumindest alle – an, das Duopol von *Pernod Ricard* und *Diageo* (*Bushmills* war mittlerweile von *Diageo* gekauft worden) zu brechen und alte irische Whiskey-Marken und -Brennmethoden wiederzubeleben.

1984 kaufte John J. Teeling, so der Name des vermeintlich Wahnsinnigen, mit Hilfe einiger Geschäftspartner für 120.000 Pfund eine ehemalige staatliche Alkoholfabrik an der irischen Ostküste. In der Fabrik wurde Industriealkohol in großen Mengen aus Kartoffeln produziert. Nach einigen Umbauarbeiten konnte sich Teeling drei Jahre später dann seinen Traum erfüllen: 1987 öffnete mit der *Cooley Distillery* in der Nähe von Dundalk, rund 70 Kilometer nördlich von Dublin, die erste unabhängige Brennerei in Irland seit Jahrzehnten. Es war zudem die erste Neugründung seit mehr als 100 Jahren!

Dass dies der Katalysator für die Renaissance des Irish Whiskeys im 21. Jahrhundert sein würde, hat Teeling damals sicher nicht geahnt. Auch, dass *Cooley* eine Erfolgsgeschichte sondergleichen werden sollte, war am Anfang nicht abzusehen, denn auch die neue Destillerie musste mit Widrigkeiten kämpfen. So etwa mangelnde Lagerkapazitäten am Standort in Dundalk. John Teelings pragmatische Lösung: Er übernahm die alte *Kilbeggan Distillery*, nutzte deren Lager und reaktivierte die Traditionsbrennerei sukzessive.

Teeling belebte in Cooley wie geplant auch viele alte Whiskey-Marken wieder – etwa *Tyrconell* oder *Locke's* – und das nach anfänglichen Schwierigkeiten zunehmend auch international so erfolgreich, dass der amerikanische Getränkekonzern *Beam Inc.* John Teeling 2011 ein Angebot machte, das er nicht ablehnte, einen hohen zweistelligen Millionenbetrag für die Brennerei in Dundalk. Und so übernahm *Beam* die *Cooley Distillery Inc.* mit allen Marken für kolportierte etwas mehr als 70 Millionen Euro.

Doch John Teeling, der Mann mit der Statur eines Rugby-Spielers, wäre nicht er selbst, hätte er sich danach zur Ruhe gesetzt. Mit einigen Geschäftspartnern und sicher mit einem Teil des Verkaufserlöses gründeten seine beiden Söhne Jack und Stephen Teeling Ende 2012 die *Teeling Whiskey Company* mit dem erklärten Ziel, den „Spirit of Dublin" in die Hauptstadt der Republik zurückzubringen. Bereits drei Jahre später eröffnete, nach mehr als 120 Jahren, mit der *Teeling Distillery* wieder eine Brennerei in den „Dublin Liberties", dem alten Arbeiterviertel der Hauptstadt Dublin. Über dem Eingangstor der jungen Destillerie und auf jeder Flasche, die die Brennerei verlässt, prangt unübersehbar und stolz so etwas wie das Wappentier der Whiskey-Renaissance auf der grünen Insel: ein aus seiner Asche aufsteigender Phönix.

Gewollt oder nicht, geahnt oder erträumt – die Geschichte von John Teeling, der *Cooley Distillery* und die seiner Söhne war rückblickend wie ein Dammbruch: Gab es bis vor einigen Jahren gerade einmal drei Brennereien in ganz Irland, so sind heute 18 in Betrieb und 16 weitere sind derzeit geplant oder werden gebaut, hinzu kommen unabhängige Abfüller mit alten sowie neuen Marken.

Von einem niedrigen Sockel gestartet, ist Irish Whiskey die sich am schnellsten entwickelnde Spirituosen-Kategorie. Die Exporte stiegen 2017 um 20 Prozent auf einen Wert von insgesamt 600 Millionen Euro. Allein der US-Markt, der traditionell durch die vielen irischen Einwanderer der wichtigste Markt für irischen Whiskey ist, nahm 2017 mit Einfuhren im Wert von mehr als 240 Millionen Euro 16 Prozent mehr dieser Destillate als im Jahr zuvor auf. Ein ähnliches Bild zeigt sich auch in der EU: Hierhin exportierten die Iren 2017 14 Prozent mehr – in Summe feine Tropfen im Wert von 111 Millionen Euro. Insgesamt machen irische Whiskeys mittlerweile 36 Prozent aller Spirituosen-Exporte Irlands aus – Tendenz steigend.

Und der Phönix soll noch höher fliegen: Die *Irish Whiskey Association*, die Interessen-Vertretung aller irischen Produzenten, hat das Ziel ausgegeben, den Weltmarktanteil von Irish Whiskey von rund vier Prozent bis auf zwölf Prozent im Jahre 2020 zu steigern (siehe Seite 88).

Die traditionelle Dreifach-Brennweise in den kupfernen *Pot Stills* hat Elend und Stagnation überlebt und der so gewonnene *Single Pot Still Whiskey* darf und soll in Zukunft für Irland den gleichen Status haben wie der *Single Malt* für Schottland. Für die Whiskey-Nation Irland bricht eine neue Zeitrechnung an.

THE JUICE OF BARLEY

WIE IRISH WHISKEY ENTSTEHT

Für viele ist er das Beste, was man aus Gerste machen kann: Whisk(e)y. Auch wenn sich trefflich darüber streiten lässt, welche Zutaten und Methoden wie viel Einfluss auf den späteren Geschmack und die Aromen haben, so steht doch eines außer Zweifel: Für einen Whisk(e)y braucht es drei Dinge, Wasser, Gerstenmalz und Hefe.

Traditionelle Bodenmälzerei

MÄLZEN

Das Mälzen der Gerste ist der erste Schritt zu diesem edlen Getränk. Dafür werden die Gerstenkörner mit Wasser vermengt, so dass sie anfangen zu keimen. Durch die Keimung werden Enzyme aktiviert, die zuerst den Stärkegehalt des Getreides maximieren. Danach wird die in den Körnern befindliche Stärke in Malzzucker umgewandelt, der später die Grundlage für die alkoholische Gärung liefert. Traditionell wird die feuchte Gerste dazu großflächig auf Mälzböden, den *Floor Maltings,* ausgebreitet und von Hand regelmäßig gewendet, um ein gleichmäßiges Keimen zu ermöglichen und eventuellem Schimmel vorzubeugen.

Ist die Stärke dann in Zucker umgewandelt, wird der Keimungsprozess durch das Trocknen (auch Rösten oder Darren genannt) der Gerstenmasse gestoppt. Geschieht dies durch Torffeuer, erhält der Whiskey seine torfigen, rauchigen Noten.

Heute betreiben nur noch wenige Brennereien in Schottland eigene *Floor Maltings* – in der Regel wird die gemälzte Gerste von spezialisierten Lieferanten fertig zugekauft.

MAISCHEN

Zum Maischen werden die gemälzten Gerstenkörner zu einer Art grobem Mehl geschrotet, dem *Grist.* Dieses Mehl vermischt man mit heißem Wasser in großen Maischebottichen zu einem Brei, der *Maische* genannt wird. Um die zuckerhaltige *Würze* aus der Maische zu lösen, wird das Wasser dreimal mit unterschiedlichen Temperaturen durch den Brei gepumpt. Danach wird die Würze abgepumpt und für die folgende Gärung vorbereitet.

Gusseiserne Maischetonne

GÄREN UND FERMENTIEREN

Um die Gärung, die Umwandlung des Zuckers in Alkohol, zu ermöglichen, wird die Würze nun mit Hefe vermengt und in spezielle Gärbehälter, die *Washbacks,* gepumpt und erhitzt. Die durch die Wärme aktivierte Hefe wandelt den Zucker der Würze dann in Alkohol und Kohlendioxid um – ein Prozess, der im Lateinischen auch *Fermentum,* also Gärung, heißt, weshalb diese Umwandlung auch als Fermentierung bekannt ist.

Fermentierbottiche aus Pinien- oder Zypressenholz

Der Gärungs- oder Fermentierungsprozess dauert von 48 Stunden bis zu mehreren Tagen und ergibt eine Art starkes, bitteres Bier – das *Wash* genannt wird.

BRENNEN

Im nächsten Schritt wird der *Wash* gebrannt, der Alkohol destilliert. Dazu wird das Bier aufgekocht, und da Alkohol bei geringeren Temperaturen als Wasser zu sieden beginnt, steigt er als Dampf auf. Dieser Alkoholdampf kondensiert in den Kühlrohren und wird wieder aufgefangen. Der Vorgang wird mehrmals wiederholt, um alle unerwünschten Stoffe aus dem Destillat zu eliminieren und einen Alkoholgehalt von rund 80 Volumenprozent zu erreichen. Das Ergebnis ist ein klarer Brand, der *New Make* oder *Baby Whiskey* genannt wird und Grundlage für den späteren Tropfen ist.

Irischer Whiskey wird traditionell dreifach gebrannt, um das Destillat noch reiner und milder zu machen. Dazu aber später im nächsten Kapitel (ab Seite 33) mehr.

LAGERN UND REIFEN

Wer einmal einen *New Make* probiert hat, weiß, dass es von dort noch ein weiter Weg bis zu dem ist, was wir uns später im Glas erhoffen. Erst durch die Lagerung und Reifung in Holzfässern (überwiegend Eiche) erhält der klare Brand seine Geschmacksvielfalt und die typische Farbe. Allgemein gilt die Annahme, dass die Lagerung und Reifung im Holzfass zwischen 70 bis 80 Prozent Anteil am späteren Geschmack des Whiskeys haben.

Vor der Abfüllung in die Holzfässer wird der *New Make* mit Wasser auf die für die Lagerung und Reife optimale Alkoholstärke von 60 bis 57 Volumenprozent verdünnt. Danach wird er aus den Tanks in die Holzfässer gepumpt, wo er mindesten drei Jahre lagern und reifen muss, bevor er sich Whiskey nennen darf.

Die Fässer werden traditionell in großen Lagerhäusern, den *Warehouses,* bei den Destillerien gelagert und sind für Whiskey-Liebhaber so etwas wie heilige Stätten.

ABFÜLLEN

Nach der Reifung werden die Whiskeys vor der Abfüllung meist noch verschnitten, um das gewünschte Geschmacksbild zu erhalten. Dieses Verschneiden wird auch als *Blending* oder *Vatting* bezeichnet und ist eine wahre Kunst. Eine Komposition kann 40 oder mehr Komponenten enthalten – sie gezielt und ausgewogen zu kombinieren ist die Aufgabe der *Blender* oder *Master Blender,* die dazu nicht nur eine feine Zunge, sondern auch eine untrügliche und feine Nase brauchen. Bei Whiskeys mit Altersangaben bezieht sich die Angabe nur auf den jüngsten aller im Verschnitt verwendeten Whiskeys – in einem als zehnjährig ausgezeichneten Whiskey sind also sehr wahrscheinlich auch 15, 20 Jahre gelagerte oder noch ältere enthalten.

Ist der gewünschte Whiskey oder *Blend* fertig, erfolgt die Abfüllung in Flaschen. Dies geschieht meist automatisch, vor allem kleinere Destillerien füllen und etikettieren aber durchaus noch von Hand. Der Whiskey wird in der Regel auf eine Stärke von 40 bis 46 Volumenprozent reduziert, alles darüber gilt als Fass-Stärke – *Cask Strength*. Dabei gibt der tatsächliche Alkoholgehalt des Whiskeys im jeweiligen Fass den *Cask Strength* auf der Flasche an. Im Durchschnitt sind es um die 55 Volumenprozent.

Flaschen-Abfüllstraße

HERE'S HEALTH AND PROSPERITY

DIE IRISCHEN WHISKEY-ARTEN, IHRE HERSTELLUNG UND BESONDERHEITEN

Irischen Whiskey mit einem Scotch gleichsetzen zu wollen, ist in etwa so sinnvoll, wie die sprichwörtlichen Birnen mit Äpfeln zu vergleichen. Das hat zum großen Teil mit der von Schottland so grundverschiedenen Herstellungsweise zu tun – es wurden ja bereits kurz die Themen „Torf" und „Pot Stills" bzw. die Dreifach-Destillation angeschnitten.

Es hat aber auch mit anderen Voraussetzungen und nicht zuletzt mit dem zu tun, was man als Terroir-Gedanken umschreibt: Mit regionalen Rohstoffen und dem milden Klima auf der grünen Insel, das den Whiskey ohne große Temperaturschwankungen gleichmäßig und harmonisch reifen lässt.

Um einen Irish Whiskey also in vollem Umfang und mit allen Sinnen genießen und verstehen zu können, bedarf es einiger Grundlagen.

DIE SACHE MIT DEM „E"

Der wohl augenfälligste Unterschied von Scotch Whisky und einem Irish Whiskey ist die Schreibweise mit dem „e". Es gibt viele Erklärungen für die Schreibweise, ich halte aber folgende für die plausibelste:

Wie beschrieben, trat die durch Aeneas Coffey 1830 perfektionierte kontinuierliche Destillation vor allem in Schottland ihren Siegeszug an. Während die Iren an der aufwändigen dreifachen Brennweise in Pot Stills festhielten, überschwemmten die Schotten die Märkte mit ihrem schnell und billig hergestellten Whisky. Das kostengünstige Brennen in den *Coffey Stills* mag dem nachgesagten Sparsinn der Schotten entgegen gekommen sein, die Resultate indes waren damals qualitativ wenig überzeugend.

Um sich deutlich von den billigen, damals minderwertigeren schottischen Destillaten abzugrenzen, änderte man kurzerhand die Schreibweise: IRISH WHISKEY war geboren.

Die Massenauswanderungen in die USA im Zuge von Hunger und Elend mag die „Schreibmigration" gen Westen weiter erklären. Doch anders als bei amerikanischen Produkten, die das „e" gelegentlich auch verwenden, schreibt sich der irische Whiskey quer durch alle Marken und Destillerien immer mit einem „e".

EIN WENIG ANDERS:
DIE GESETZGEBUNG FÜR IRISH WHISKEY

Die Iren sind aus nachvollziehbaren Gründen nicht immer gut auf ihre englischen Nachbarn zu sprechen. Doch selbst der größte Patriot wird anerkennen, dass das unter Elisabeth I. erlassene Gesetz von 1556, das die Herstellung, den Verkauf und Gebrauch von Whiskey erstmals regelte, ein Schritt in die richtige Richtung war. Dieses Gesetz war Basis der Vorschriften, die noch bis 1920 in ganz Irland galten.

Erst nach der Unabhängigkeit stellte das irische Parlament eigene Whiskey-Gesetze vor. Seit 1980 gilt, auch für Nordirland, der "Irish Whiskey Act 1980", der aber einige Besonderheiten beinhaltet.

Ein wichtiger Unterschied zwischen den schottischen und den irischen Regelungen betrifft etwa die Lagerung: Während für schottische Whiskys die Lagerung in Eichenfässern zwingend ist, dürfen für irische Whiskeys auch Fässer aus anderen Hölzern verwendet werden. Da der Whisk(e)y geschätzte 70 bis 80 Prozent seines Charakters der Lagerung in den Holzfässern verdankt, bietet sich mit der Freiheit, verschiedene Hölzer für Fässer nutzen zu dürfen, für die irischen Produzenten seltener Spielraum für spannende Experimente, die zu neuen Geschmacksprofilen führen können.

HIER DIE WEITEREN WICHTIGSTEN GESETZLICHEN VORSCHRIFTEN:

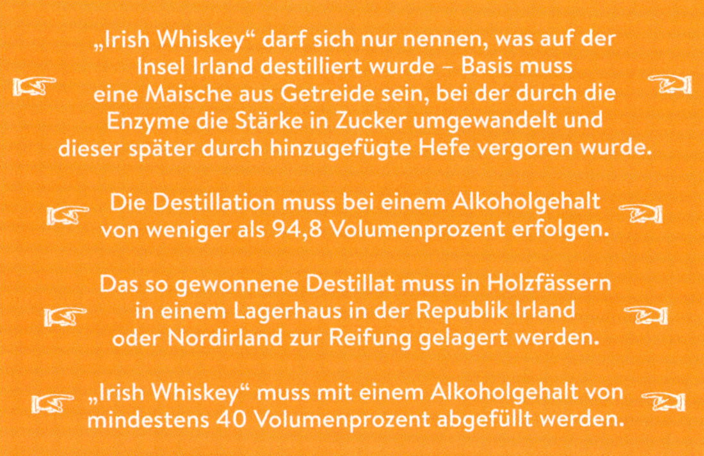

☞ „Irish Whiskey" darf sich nur nennen, was auf der Insel Irland destilliert wurde – Basis muss eine Maische aus Getreide sein, bei der durch die Enzyme die Stärke in Zucker umgewandelt und dieser später durch hinzugefügte Hefe vergoren wurde. ☜

☞ Die Destillation muss bei einem Alkoholgehalt von weniger als 94,8 Volumenprozent erfolgen. ☜

☞ Das so gewonnene Destillat muss in Holzfässern in einem Lagerhaus in der Republik Irland oder Nordirland zur Reifung gelagert werden. ☜

☞ „Irish Whiskey" muss mit einem Alkoholgehalt von mindestens 40 Volumenprozent abgefüllt werden. ☜

Fässer für Connemara in der *Cooley Destillerie*

GERSTE – DER AUSGANGSPUNKT

Auch wenn sich die Regeln für die Whiskey-Herstellung in Irland in einigen wichtigen Punkten von jenen der schottischen Nachbarn unterscheiden, ist beiden doch eins gemein: Auch irische Brenner verwenden für ihre Produkte Gerste als Ausgangsmaterial – sie bereiten sie aber anders auf und setzen sie im Produktionsprozess verschieden ein.

Beginnen wir bei der Aufbereitung der Gerste: Das irische Gerstenmalz wurde früher, wie in Schottland auch, auf den Trockenböden mithilfe von Torffeuer getrocknet. Das Ergebnis waren schwere, torfige Destillate, wie man sie heute noch aus Schottland kennt. Als die Konkurrenten aus dem Nordosten dann aber im 19. Jahrhundert mit leichten Blended Whiskys den Markt aufrollten, reagierten die Iren mit einer Modifikation ihrer Prozesse in zwei Punkten: Zum einen verwendeten sie statt Torf zunehmend importierte Kohle beim Mälzen.

Zum anderen änderten die Iren den Prozess, wie die Gerste getrocknet wurde. Statt sie direkt über dem offenen Feuer zu darren (siehe Seite 24), legten sie das Getreide in speziellen geschlossenen Räumen aus. Die Böden in diesen Trockenräumen waren mit besonders perforierten Kacheln ausgelegt, die durch das Kohlefeuer erhitzt wurden. Durch die heißen Kacheln drang so zwar immer heiße Luft ins Innere der Trockenräume – das Malz kam aber nicht mehr direkt mit dem Rauch in Kontakt und nahm so dessen Aromen nicht mehr auf.

Auch beim nun folgenden Maischeprozess gibt es Unterschiede. Wird in Schottland für einen Malt Whisky ausschließlich gemälzte Gerste verwendet, nimmt man in Irland für den Vorzeige-Whiskey der Insel, den *Pot Still Whiskey*, auch ungemälzte Gerste. Was einst als Ausweichreflex auf die Malzsteuer der britischen Verwalter begann, brachte über die Jahrhunderte einen Whiskey hervor, den man so nur in Irland findet.

Leider ist die Verarbeitung von ungemälzter Gerste, auch *Field Barley* oder Feldgerste genannt, nicht ganz einfach. Das beginnt beim Mahlen der Feldgerste, denn dabei müssen andere Mühlentypen eingesetzt werden. Zudem ist es auch schwieriger, den Zucker aus der Feldgerste herauszulösen und damit die Grundlage für die alkoholische Gärung zu schaffen. Die Lösung des Problems ist eine Art zweistufige Maischung, in der die Feldgerste erst mit heißem Wasser in einem so genannten *Mash Conversion Vessel*, einem Maische-Umwandlungstank, eingeweicht und mit einem großen Rührwerk (siehe Abbildung auf Seite 25) immer wieder umgehoben wird. Von dem breiartigen Ergebnis wird dann mit einem Filter die zuckerhaltige Flüssigkeit separiert und zur weiteren Verarbeitung in Gärbottiche abgefüllt.

MEN MADE – KUPFERBLASE UND PATENT-DESTILLE

So unterschiedlich die Aufbereitung der Gerste für den *Pot Still Whiskey* ist, so verschieden ist der Destillationsprozess in Irland verglichen mit Schottland. Bis auf wenige Ausnahmen wird irischer Whiskey traditionell dreifach gebrannt – zumeist in den kupfernen Pot-Still-Brennblasen, aber auch in den so genannten *Patent Stills*.

Pot-Still-Brennanlagen bestehen aus drei ungewöhnlich runden, bauchigen und oft eher kurzhalsigen Brennblasen aus Kupfer – den *Stills* –, in denen jeweils einer der drei Brennvorgänge stattfindet. Jede Pot-Still-Brennblase besteht aus zwei Teilen, dem Ober- und Unterteil. Während das Oberteil, dessen Form an einen Schwanenhals (Abbildung Seite 34) erinnert und deshalb auch *Swan Neck* genannt wird, für den Geschmack und die „Aroma-Tiefe" der gewonnen Brände mitverantwortlich ist, ist der untere Teil optimal auf die Befeuerung und die gleichmäßige Verteilung der Hitze ausgerichtet.

Beim ersten Brennvorgang in der Pot-Still-Anlage wird der Rohbrand in der *Wash Still* mit einem Alkoholgehalt von 25 bis 40 Volumenprozent aus der vergorenen Maische destilliert. Nach der zweiten Destillation in der *Intermediate Still* erhöht sich der Alkoholgehalt auf 70 bis 72 Volumenprozent, bevor dann im dritten und letzten Brennabschnitt in der *Spirit Still* das Herz und Endprodukt der Destillation, der klare *Baby Whiskey* oder *New Make* mit 80 bis 85 Volumenprozent gewonnen wird.

Das Brennen im Pot-Still-Verfahren eignet sich nicht für die schnelle Massenproduktion, da die Brennblasen zwischen jedem Brennvorgang aufwändig und rückstandslos gereinigt werden müssen. Somit kann immer nur eine Charge verarbeitet werden – der Brennvorgang erfolgt also, anders als bei den *Patent Stills*, diskontinuierlich.

Patent Stills oder auch *Column Stills* – zu Deutsch: Kolonnen-Brennsäulen – bestehen dagegen aus einem hohen Destillieraggregat aus Stahl, das einen kontinuierlichen Brennvorgang ohne Unterbrechungen ermöglicht. Sie sind eine Abwandlung der von Aeneas Coffey entwickelten *Coffey Still* und dienen vor allem der Destillation von ungemälztem Getreide oder auch Mais.

Diese Art des Brennens ist durch den kontinuierlichen Prozess erheblich weniger arbeitsintensiv. Man kann in kürzerer Zeit mehr produzieren, da unter anderem das Reinigen des Brennkessels nach jedem Destillationsschritt entfällt. Aber auch die Verwendung der stählernen Brennsäulen einer *Patent Still* an sich ist schon kostengünstiger, da der Stahl beim Brennen weniger verschleißt als das Kupferblech der *Pot Stills*. Aber es gibt auch Nachteile: Die Destillate weisen weniger Aroma und geringeren geschmacklichen Tiefgang auf. Mehr noch, der Stahl der *Patent Stills* kann im Gegensatz zu den Kupferbrennblasen negative Geschmacksstoffe und Substanzen, wie etwa den Schwefelwasserstoff, nicht aus dem Brand filtrieren. Worunter wiederum das Geschmacksbild dieser Destillate leidet.

Der obere Teil einer Pot-Still-Brennblase, bildhaft *Swan Neck* genannt.

FASSWISSEN – AUS MILDE WIRD CHARAKTER

Bevor der *New Make* zur Lagerung in Holzfässer wandert, wird er auf einen Alkoholgehalt von 60 bis 80 Volumenprozent reduziert – zumeist durch die Zugabe von Wasser aus eigenen oder regionalen Quellen. Der Grund für die Verdünnung: Die Erfahrung hat gezeigt, dass ein Whiskey mit einem so reduzierten Alkoholgehalt einfach besser reift.

Die Abfüllung in Fässer dient dabei nicht nur der reinen Lagerung – vielmehr nimmt das jeweilige Fassholz während der Reifung noch vorhandene, unerwünschte Inhaltsstoffe und geschmackliche Ecken und Kanten auf und gibt dem Brand dafür Milde, seinen Charakter und natürlich die mehr oder minder intensive Färbung. Egal ob in Schottland, Irland oder Kanada – die Whisk(e)y-Produzenten sind sich einig, dass die Reifung und Lagerung bis zu 80 Prozent des Geschmacks ausmachen!

Whiskey-Reifung in einem Dunnage-Lagerhaus.

Die gezielte Lagerung des Whiskeys zur Geschmacksverfeinerung ist in Irland bereits seit den 1870er Jahren belegt. Einer der Gründe dafür war sicher, dass Dublin und Cork neben Bristol zu den größten Umschlags- und Handelsplätzen für importierten Sherry gehörten. Oftmals wurde der Sherry erst hier auf Flaschen gezogen, so dass dessen Fässer sich für die Lagerung von Whiskey geradezu anboten.

Grund für diese Metamorphose des *New Make* sind komplexe chemische Prozesse im Holzfass, mit denen ich Sie an dieser Stelle nicht quälen möchte. Einfach gesagt interagiert das Destillat mit dem Holz, wobei der Alkohol des Whiskeys dem Fass seine Geschmacksstoffe entzieht. Durch die Zirkulation im Fass während der mindestens drei Jahre verdunstet aber auch ein gewisser Anteil an Whiskey – der „Anteil der Engel" oder *Angels' Share*. Er kann pro Jahr bis zu zwei Prozent eines Fassinhalts ausmachen und sorgt für den unbeschreiblichen Duft und das buchstäblich explosive Klima in jedem Whiskey-Lagerhaus.

Zu wissen, welche Holz- und Fassarten wie lange und für welche gewünschten Aromen benutzt werden können, ist eine wahre Kunst.

Auch wenn die Verwendung von Fässern aus Eichenholz, anders als in Schottland, in Irland nicht zwingend vorgeschrieben ist (die Lagerung muss allein in Holzfässern stattfinden), werden derzeit vorrangig Eichenfässer zur Lagerung und Reifung der Whiskeys eingesetzt.

Es sind vor allem ehemalige Bourbon-Fässer aus amerikanischer Eiche. Aber auch ausgediente Sherry-, Portwein- oder Weinfässer aus europäischer Eiche werden zunehmend verwendet. Die amerikanische Weißeiche (*Quercus alba*) wächst schneller – sie kann bereits nach 70 Jahren gefällt werden – und die dadurch lockerer liegenden Fasern und die leicht gröberen Poren geben ein mildes, feines Vanille-Aroma ab. Demgegenüber wächst die europäische Eiche deutlich langsamer – und gibt durch die dichteren Fasern und kleine, enge Poren volle, intensive Tannin-Aromen ab.

Neben der Art des Holzes ist es zudem wichtig, wie oft das jeweilige Fass schon genutzt bzw. „belegt" wurde. Ein neues Fass gibt wesentlich mehr Gerb- und Geschmacksstoffe ab, ein mehrmals belegtes Fass

Ausbrennen von Fässern

ist hingegen geschmacklich ausgelaugt. Während man solche Fässer durch eine Wiederaufbereitung in Grenzen „wiederbeleben" kann, erfordern jungfräuliche Fässer, vor allem aus der geschmacksdominanten europäischen Eiche, oft noch mehr Fingerspitzengefühl.

Noch ein kleiner Ausflug in die Aufbereitung der Holzfässer, die auch ihren Anteil an der Geschmacksentwicklung der in ihnen lagernden Whiskeys hat. Um das Holz für die Fassherstellung formbar zu bekommen, muss es erhitzt werden. Dieser Vorgang wird *toasten* genannt. Je nach Geschmack werden die Fässer dann noch zusätzlich innen ausgebrannt *(Charring)*, z. B. für die Bourbon-Produktion ein Muss. Bei diesem Vorgang entsteht eine nach Dicke definierte Schicht von verkohltem Holz, die ähnlich einem Kohlefilter wirkt und zusätzlich dazu beiträgt, dass Karamell- und Honig-Aromen (die Zuckermoleküle im Holz karamellisieren beim Ausbrennen stark) ins Destillat übergehen und es generell weicher machen. Getoastete Fässer hingegen sorgen durch ihre sanfte Erhitzung, bei der kaum eine Karamellisierung der Holzzucker stattfindet, dafür, dass je nach Holz mehr würzige Aromen in den Whiskey kommen. Es ist eine Wissenschaft für sich und letztendlich eine Frage des persönlichen Geschmacks – wird Milde bevorzugt, sind *charred barrels* das Mittel der Wahl, soll es etwas kräftiger, würziger sein, kommen getoastete Fässer in Frage.

Wer beide Aromen-Welten vereinen will, bedient sich des *Finishing*. Hierzu lagert der Whiskey zunächst in Fässern aus amerikanischer Eiche, so dass er seine Unreife verliert und bereits ein Grundaroma aufnimmt. Danach füllt man den gereiften Brand in ein europäisches Eichenfass, in dem zuvor Sherry, Portwein oder andere Weine, Biere oder Cider – aber noch kein Whiskey! – gelagert wurden. Nach in der Regel ein bis zwei Jahren weiterer Reifung haben sich dann die Aromen harmonisch verbunden und ein vollmundiger Whiskey ist entstanden!

Ob nun *toasted* oder *charred*: Je größer die Fassoberfläche, mit der der Whiskey in Berührung kommt, desto intensiver der chemische Austausch mit dem Holz (kleine Fässer, großer Oberflächenkontakt – große Fässer, kleiner Oberflächenkontakt), wobei es natürlich auch eine nicht unerhebliche Rolle spielt, was vorher in diesen Fässern reifte. Beides, Fassgröße und voriger Inhalt, sind letztendlich eine Frage des Preises.

Und als wäre die Einschätzung der Beschaffenheit der Fässer zur Reifung und ihre Auswahl nicht schon eine Kunst für sich, hängt die Entwicklung des Whiskeys im Fass auch von den klimatischen Bedingungen in und um die Lagerhäuser ab, in denen sich die Fässer stapeln. Temperaturschwankungen bewirken, dass das Destillat im Fass arbeitet: Bei Wärme oder Hitze dehnt es sich aus, bei Kälte zieht es sich zusammen – je nachdem nimmt der Brand Stoffe aus dem Holz unterschiedlich stark auf. Auch wenn die klimatischen Unterschiede in Irland nicht so groß wie auf einem Kontinent sind, so schmeckt doch ein Whiskey aus dem Landesinneren, umgeben von Decken- und Hochmooren, anders als aus einem Lagerhaus in den Küstengebieten, in denen das Salz und der Geruch der See zirkulieren. Ein Whiskey aus den vom Golfstrom begünstigen Westküsten-Gebieten präsentiert sich anders als einer aus dem Osten der Insel.

Egal, ob Osten oder Westen, Küste oder Landesinneres: Natürlich gilt auch für irische Whiskeys die Regel, je länger die Reifung im Fass dauert, desto ausgewogener und runder wird der Geschmack.

Da in Irland nur die Lagerung in Holz-, nicht aber zwingend in Eichenfässern (wie in Schottland) vorgeschrieben ist, wird es spannend sein, zu sehen (und zu schmecken), welche Fass-Experimente die irischen Brenner uns in den kommenden Jahren präsentieren werden. Möglich wären andere harzarme Hölzer wie etwa Esche, Hickory, Ahorn oder Kastanie – mit letzteren arbeiten Winzer in Europa seit langem. Doch lassen wir uns einfach überraschen ...

SINGLE MALT, PURE POT STILL, GRAIN WHISKEY UND BLENDS: DIE WHISKEY-SORTEN IN IRLAND

In Irland klassifiziert man Whiskeys in vier Hauptarten, die sich in den verwendeten Rohmaterialien und der Art der Herstellung unterscheiden.

MALT WHISKEY

Wie in Schottland wird Malt Whiskey auch in Irland ausschließlich aus gemälzter Gerste hergestellt. Stammt das verwendete Gerstenmalz aus einer einzigen Brennerei, wird der Malt als *Single Malt* oder *Pure Malt* bezeichnet. Durch die traditionelle irische Brennmethode in *Pot Stills* sind *Single Malts* von der grünen Insel weicher und milder als schottische *Single Malts*.

POT STILL WHISKEY

Pot Still Whiskey ist die Bezeichnung für eine eigene Whiskey-Art, die man so nur in Irland findet. In der Herstellung unterscheidet sich der *Pot Still Whiskey* in einem wesentlichen Punkt vom Malt, der Verwendung von ungemälzter und gemälzter Gerste. Diese Mischung war eine Folge der Malzsteuer, die die Engländer Mitte des 18. Jahrhunderts in Irland einführten. Um die Steuer zu umgehen, begannen die Iren, der Maische ihrer Whiskeys vermehrt ungemälzte Gerste beizumischen – nur der für eine einwandfreie Gärung unbedingt notwendige Anteil an gemälzter Gerste kam noch hinzu. Dies ist der Grund, weshalb Puristen auch heute noch darauf bestehen, dass in einem echten *Pot Still Whiskey* der Anteil der ungemälzten Gerste überwiegt. Auch wenn dies nicht immer der Fall ist: Die Beimischung der ungemälzten Gerste verleiht *Pot Still Whiskeys* ihre typisch leichte, fruchtige Note.

Der Whiskey wird ausschließlich in den runden kupfernen Pot-Still-Brennblasen, in der Regel dann auch dreifach, gebrannt. Ein *Single Pot Still Whiskey* oder *Pure Pot Still Whiskey* ist – ähnlich dem *Single Malt* – ein ausschließlich aus einer Brennerei stammender Whiskey.

GRAIN WHISKEY

Grain (engl. Getreide) Whiskey wird aus einer Maische mit mehrheitlich ungemälztem Getreide (zumeist Weizen, Mais, Roggen) und gemälzter Gerste gebrannt – in Irland zum größten Teil aus Mais. Er ist leichter im Geschmack als Malt oder *Pot Still Whiskey*. Destilliert werden *Grain Whiskeys* meist in Säulen-Destillationsanlagen, die kontinuierliches Brennen erlauben und zu denen auch die *Coffey Stills* gehören.

Zwei Coffey-Brennapparate zur Herstellung von *Grain Whiskey* (links im Bild) und zwei *Pot Stills* zur Produktion von *Malt Whiskey* im Museumsteil der *Kilbeggan Destillerie.*

BLENDED WHISKEY

Ein *Blended Whiskey* oder *Blend* ist ein Verschnitt, die kunstvolle Komposition aus *Grain Whiskeys, Pot Still* und *Malt Whiskeys*. Die Whiskey-Macher Irlands haben mehr Möglichkeiten zum Blenden als ihre Kollegen in Schottland, weil ihnen mit *Pot Still Whiskey*, mit *Grain* und *Malt Whiskeys* mehr „Bausteine" zu Verfügung stehen. Diese besonders vielfältigen Möglichkeiten des Blendens sind es unter anderem, die den irischen Whiskeys ihre so außergewöhnliche geschmackliche Vielfalt erlauben.

UND DER KLEINE BRUDER: POITÍN

Wer sich mit Irland und seinen Whiskeys beschäftigt, wird unweigerlich auf ihn stoßen: *Poitín* oder *Poteen.*

Poitín, ausgesprochen „potschien", ist ein klarer Brand, der eigentlich nichts mit Whiskey zu tun hat, aber traditionell in ganz Irland in kleinen *Pot Stills* (früher zuhause) gebrannt wird. Damit erklärt sich auch schon, weshalb der Poitín das Synonym für Schwarzgebrannten auf der grünen Insel ist. Die kleinen Brennanlagen hatten einfach den Vorteil, dass man mit ihnen vorzüglich nachts unauffällig (und illegal) brennen konnte …

Ursprünglich aus Gerste oder anderen Getreidesorten gebrannt, wurde *Poitín* aber auch gerne aus Kartoffeln hergestellt. Der Alkoholgehalt variiert von Marke zu Marke und kann bis zu 90 Volumenprozent betragen – liegt aber in der Regel bei 50 bis 60 Volumenprozent. Obwohl das Wissen um die Poitín-Herstellung sicher genauso alt wie das um die Herstellung des Whiskey ist, geht die Bezeichnung auf eine Begebenheit in den 1660er Jahren zurück. Damals erhob die britische Regierung erstmals eine Steuer auf Alkohol in Irland. In der Folge wurde legaler, versteuerter Whiskey als *Uisce Beatha* bezeichnet, *Uisce Poitín* dagegen nannte man illegal gebrannten Alkohol.

In den folgenden Jahrhunderten wurden die Umgehung der Gesetze und der Alkoholsteuer eine Art Volkssport – und die Geschichten und Lieder um *Poitín* ein Teil des irischen Kulturgutes. So handelte etwa auch der erste 1979 komplett in gälischer Sprache gedrehte Film „Poitín" von den kleinen und großen Abenteuern eines Schwarzbrenners im Westen Irlands.

Poitín schmeckt in der Regel wie Wodka leicht nach Getreide mit einem Hauch Toffee und ist im Glas ölig. Während schlecht gemachter Poitín mit seinen flüchtigen Alkoholen abstoßend schmeckt, ist guter Poitín wirklich einen Versuch wert. Viele Traditionalisten sehen den Brand noch immer als eine Art heiliges Wasser, das auch unter medizinischen Belangen – von Halsschmerzen bis zum Rheuma – bei Menschen und bei Tieren eingesetzt wird. Im Notfall und Sinne eines legalen Dopings hilft ein Tröpfchen *Poitín* auch, das Rennpferd oder den Windhund vor einem wichtigen Rennen noch schneller zu machen.

Poitín wird von vielen der alten und neuen Whiskey-Produzenten angeboten – viele sehen in ihm sogar schon ein neues Modegetränk, ähnlich wie Mezcal, der kleine Bruder des Tequilas.

GLENDALOUGH
POITÍN
IRISH WHISKEY AWARDS
2014
GLENDALOUGH
MOUNTAIN STRENGTH
POITÍN
matured in virgin Irish oak
70cl
60% Vol

PLATZ-
HIRSCHE
UND
PHÖNIXE

KURZPROFILE DER IRISCHEN DESTILLERIEN UND VERKOSTUNGSNOTIZEN IHRER CHARAKTERISTISCHEN ABFÜLLUNGEN

Ob in guten oder in schlechten Zeiten – in Irland wurde immer Whiskey gebrannt: Waren es zu Beginn des 19. Jahrhunderts noch mehr als 1.000 lizenzierte Destillerien (von den illegalen ganz zu schweigen), so schrumpfte ihre Anzahl bis vor wenigen Jahren auf gerade einmal drei Brenner. Doch der Whisk(e)y-Boom der vergangenen Jahre führte auch auf der grünen Insel zur Rückbesinnung auf alte Traditionen und zum Bau neuer Destillerien.

Folgend finden Sie daher die Kurzprofile alter Platzhirsche und neuer Brenner auf der Insel und kurze Verkostungsnotizen der Whiskeys, die prototypisch für den jeweiligen Stil des Hauses stehen (*Signature Brands*).

Alle neu erscheinenden Abfüllungen finden Sie immer aktuell unter **www.irish-whiskey-buch.de** – natürlich auch mit passenden Bezugsquellen.

DIE PLATZHIRSCHE

Wer Anfang der 2010er Jahre auf Spurensuche in Irlands Whiskeywelt war, musste wahrlich kein Sherlock Holmes sein. Die Lage war übersichtlich: Es gab noch zwei große Anbieter in der Republik und einen in Nordirland – alle drei in der Hand internationaler Konzerne. Sie brannten auf verschiedenen Anlagen nach unterschiedlichen Rezepturen fast alle Marken.

So beklagenswert die Situation mit Blick auf die reichhaltige Geschichte der einstigen Whiskey-Nation Irland auch war, diesen drei Destillerien ist es zu verdanken, dass Irish Whiskey nicht ganz in der Versenkung verschwand!

OLD BUSHMILLS DISTILLERY

Mit Geschichte ist es so eine Sache – man kann sie trefflich ausschmücken. Die Marketing-Leute von *Bushmills* erzählen gerne, dass sie für die älteste Whiskey-Destillerie der Welt arbeiten – die Jahreszahl 1608 prangt unübersehbar auf jeder Flasche. Doch beides ist so nicht ganz korrekt. Richtig ist, dass Thomas Phillips 1608 vom englischen König James I. die Lizenz erhielt, in einem kleinen Dorf namens Bushmills an der Nordküste Irlands Whiskey zu brennen. Damit hat es sich aber auch schon mit der Geschichte, denn eine Destillerie mit dem Namen Bushmills wurde erst 1784 gebaut und registriert.

Bis 2007 war *Bushmills* damit zumindest eine der ältesten Destillerien in Irland – nur die *Kilbeggan Distillery*, die wieder in Betrieb genommen wurde, ist nachweislich älter.

Auch wenn die gleichnamige Marke der Distillery, *Bushmills Whiskey*, heute international einer der meist verkauften Irish Whiskeys ist, so hat doch die Brennerei in den vergangenen Jahren keinen leichten Stand gehabt. Die Destillerie gehörte seit 1972 zur *Irish Distillers Group*, die ihrerseits wiederum (seit 1988) in Besitz von *Pernod Ricard* war. Als sich der französische Pernod-Ricard-Konzern dann 2005 auch einige Brennereien von Allied Domecq einverleiben wollte, gab es kartellrechtliche Bedenken, und *Diageo*, der einzige Wettbewerber der Franzosen, schlug einen Handel vor: Gebt uns *Bushmills* und wir sind quitt.

Leider wusste man bei *Diageo* danach mit den Nordiren nichts Rechtes anzufangen und verkaufte *Bushmills* wiederum an den mexikanischen Spirituosen-Riesen *Jose Cuervo*. Dass man dort *Bushmills* bald wieder mehr Aufmerksamkeit schenkt, bleibt zu hoffen, denn hier entstehen in langer Tradition die dreifach destillierten Klassiker, die mit ihrer Weichheit so charakteristisch für Irish Whiskey sind.

Neben den 5-, 10-, 16- und 21-jährigen *Single Malts* bietet *Bushmills* auch zwei *Blends* aus *Malt* und *Grain Whiskey* an: den *Original* und den *Black Bush*.

Bushmills Malt – 10-jähriger Single Malt

STIL **Single Malt**

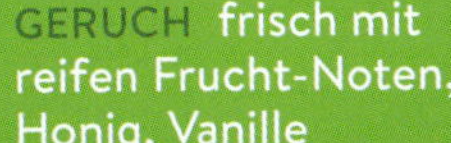

GERUCH **frisch mit reifen Frucht-Noten, Honig, Vanille**

GAUMEN **Honig, malzig-süß, Karamell**

ALKOHOL **40 Vol.-%**

The "Old Bushmills" Distillery
2 Distillery Road,
Bushmills BT57 8XH
www.bushmills.com

LOCKE'S DISTILLERY
OLD KILBEGGAN DISTILLERY

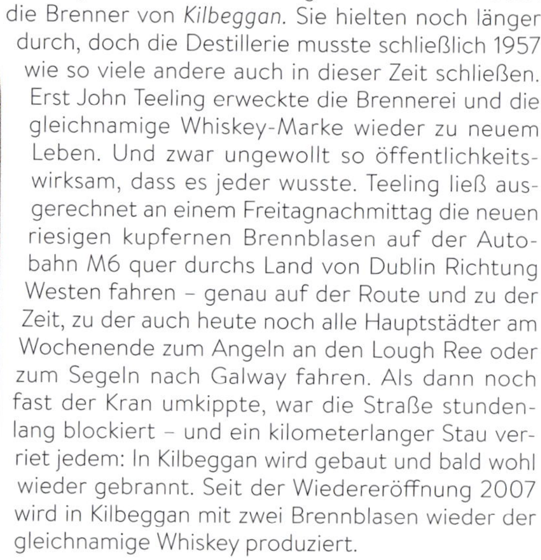

Die *Old Kilbeggan Distillery* ist unbestreitbar die älteste Destillerie Irlands – vielleicht sogar der Welt. Im Jahre 1757 von der Familie Mac Manus im kleinen Örtchen Kilbeggan gegründet, gehört sie heute zur *Cooley Distillery.*

Doch zurück zu den Anfangstagen: 1843 kaufte John Locke die Destillerie, gab ihr seinen Namen und erweiterte die Exporte auch in die USA. Der Unabhängigkeitskrieg 1916 und seine Folgen trafen dann auch die Brenner von *Kilbeggan.* Sie hielten noch länger durch, doch die Destillerie musste schließlich 1957 wie so viele andere auch in dieser Zeit schließen. Erst John Teeling erweckte die Brennerei und die gleichnamige Whiskey-Marke wieder zu neuem Leben. Und zwar ungewollt so öffentlichkeitswirksam, dass es jeder wusste. Teeling ließ ausgerechnet an einem Freitagnachmittag die neuen riesigen kupfernen Brennblasen auf der Autobahn M6 quer durchs Land von Dublin Richtung Westen fahren – genau auf der Route und zu der Zeit, zu der auch heute noch alle Hauptstädter am Wochenende zum Angeln an den Lough Ree oder zum Segeln nach Galway fahren. Als dann noch fast der Kran umkippte, war die Straße stundenlang blockiert – und ein kilometerlanger Stau verriet jedem: In Kilbeggan wird gebaut und bald wohl wieder gebrannt. Seit der Wiedereröffnung 2007 wird in Kilbeggan mit zwei Brennblasen wieder der gleichnamige Whiskey produziert.

Kilbeggan Whiskey

STIL **Blend aus Pot Still Whiskeys**

GESCHMACK **süß mit würzigen Aromen, Vanille**

GERUCH **Karamell, Vanille, geröstetes Holz**

ALKOHOL **40 Vol.-%**

Locke's Kilbeggan Distillery · Old Kilbeggan Distillery
Lower Main Street, Kilbeggan
County Westmeath
www.kilbeggandistillery.com

Midleton Visitor Centre

MIDLETON

Die *Midleton Distillery* liegt im Süden der Insel, in der 24 Kilometer von Cork entfernten Kleinstadt gleichen Namens. Die Destillerie geht auf ein Zisterzienserkloster aus dem 12. Jahrhundert zurück, in dem französische Mönche lebten. Die *Old Midleton Distillery*, Vorläufer der heutigen Anlage, wurde 1825 von drei Brüdern der Familie Murphy gegründet. Sie hat alle Höhen und Tiefen der irischen Whiskeygeschichte erlebt und überlebt. Um das Überleben weiter zu sichern und sich gegenseitig zu unterstützen, schlossen sich die Brennbetriebe aus der näheren Umgebung im 19. Jahrhundert zu den *Cork Distillers* zusammen. 1966 kam dann die Fusion zwischen *Midleton*, *Jameson* und *Powers* zur *Irish Distillers Limited*, nachdem weitere Rückschläge überstanden waren. Schnell reifte die Idee, aufgrund von Platzproblemen die gesamte Produktion von *Jameson* und *Powers* nach Midleton zu verlegen. Da die Kapazität der alten Midleton-Brennerei recht begrenzt war, wurde 1975 eine größere Destillerie in der Nähe der alten Brennerei erbaut, die nichts mehr mit der früheren Gemütlichkeit der ursprünglichen Destillerie gemein hat.

Diese Anlage, die neue *Midleton Distillery*, ist ein moderner Industriekomplex, in dem jedes Jahr 200.000 Hektoliter Alkohol, vor allem *Blends* und *Single Pot Still Whiskeys* für viele der alten bekannten Marken wie *Jameson*, *Powers* oder *Paddy* hergestellt werden. Die *Midleton Distillery* zählt zu den modernsten Destillerien der Welt und gehört heute mit den *Irish Distillers* zum Pernod-Ricard-Konzern. In der alten Brennerei ist inzwischen ein Besucher- und Ausstellungszentrum angesiedelt und eine kleine Mikro-Destillerie untergebracht.

In Midleton werden mittlerweile die Portfolios für zehn Marken gebrannt. Wenn es aber so etwas wie einen typischen Vertreter des Hausstils gibt, dann ist es der *Jameson*-Blend – weich, cremig, leicht ölig, aber dennoch fruchtig. Auf den folgenden Seiten stelle ich einen Auszug der bekanntesten Abfüllungen vor:

Clontarf Black Label

STIL Blend aus Pot Still Grain und einem kleinen Anteil Malt Whiskey

GERUCH samtig, rund, cremig, leichte Toffee-Note

GESCHMACK saftig und voll, süß

ALKOHOL 40 Vol.-%

Jameson Irish Whiskey

STIL Blend aus dreifach gebrannten Pot Still und Grain Whiskeys

GERUCH fruchtig, weich, nach Vanille, Sherry-Noten

GESCHMACK Trockenfrüchte, leichte Zitrus-Noten, kräftiger Geschmack

ALKOHOL 40 Vol.-%

Midleton Very Rare

STIL Blend aus Single Pot Still und Grain Whiskeys, der als Jahresabfüllung Ende des Sommers herauskommt und jedes Jahr etwas anders ausfällt.

GERUCH Eiche, Getreide, leichte Süße

GESCHMACK volle Frucht, Vanille, Nuss

ALKOHOL 40 Vol.-%

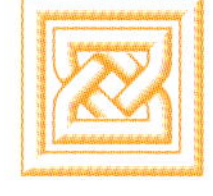

Paddy Irish Whiskey

STIL Blend aus dreifach gebrannten Pot Still (geringer Anteil), Malt (hoher Anteil) und Grain Whiskeys

GERUCH frisch, leicht, fruchtig

GESCHMACK süß, sehr weich, etwas Frucht

ALKOHOL 40 Vol.-%

Powers – John's Lane Release

STIL Single Pot Still Whiskey

GERUCH Vanille, frisches Leder, Tabak

GESCHMACK Nougat, Vanille, leicht salzig

ALKOHOL 46 Vol.-%

Redbreast 12 Years

STIL Single Pot Still Whiskey

GERUCH malzig, fruchtig mit Sherry-Noten

GESCHMACK vielschichtig – Malz, Gewürze, Honig, nasses Holz

ALKOHOL 40 Vol.-%

Midleton Distillery
Old Distillery Walk,
Midleton
County Cork

Die Destillerie hat keine eigene Website – Informationen zu den Irish Distillers / Pernod Ricard finden sich hier:
www.irishdistillers.ie

Sehenswürdigkeit auf der Halbinsel Cooley: der Proleek Dolmen.

COOLEY DISTILLERY

Kaum eine Destillerie-Gründung wurde in der Vergangenheit in Irland so aufmerksam verfolgt wie die der *Cooley Distillery* 1987. Der irische Jungunternehmer John Teeling wollte nach der Übernahme der *Irish Distillers Group* durch den französischen Getränke-Konzern *Pernod Ricard* Ende der 1990er Jahre das faktische Monopol der Franzosen in der Republik Irland aufbrechen, klassische Brenntraditionen erhalten und ehemalige Marken wiederbeleben. Daher kaufte er 1987 eine alte Kartoffel-Destillerie in Rivertown bei Dundalk. Sein Ziel: Er wollte die Anlage, auf der bisher Industriealkohol gebrannt wurde, zu einer zweiten, unabhängigen Destillerie in der Republik umbauen. Teeling gab seiner Firma und der Brennerei den Namen der Halbinsel, auf der sie lag: *Cooley*. Mehr dazu im Kapitel „Die Wiedergeburt" auf Seite 20 ff.

Die Anlage ging 1988 in Betrieb, doch schnell stellte er fest, dass keine Lagerkapazitäten an der Destillerie vorhanden waren. Also kaufte Teeling noch die *Kilbeggan Distillery*, etwa 100 Kilometer westlich von Dublin gelegen, dazu, um deren Lagerhäuser zu nutzen. Der Plan ging auf: In Dundalk wurde der Whiskey gebrannt und in Kilbeggan, ehemalige *Locke's Distillery*, gelagert.

John Teeling war fest davon überzeugt, dass Irland den besten Whiskey herstellte, aber das schlechteste Marketing weltweit machte. Mit entsprechenden Änderungen konnte er den Whiskey bekannter machen und flexibler reagieren. Damit stellte er die Destillerie nach anfänglichen Schwierigkeiten zügig finanziell auf sichere Füße.

Bis heute hebt sich die *Cooley Distillery* durch einige Merkmale von den anderen irischen Destillerien ab. So brennt *Cooley* eine große Zahl unterschiedlicher Whiskey-Sorten und -Marken durch eine Kombination verschiedener Destillationsarten: etwa *Malt Whiskeys* aus einer Pot-Still-Anlage und *Grain Whiskeys* aus zwei- und dreifacher Destillation. Um sich darüber hinaus noch deutlicher von anderen Brennereien abzugrenzen, stellte *Cooley* den damals einzigen getorften Irish Whiskey namens *Connemara* her.

Connemara Peated Single Malt

 STIL **Single Malt, getorft**

 GERUCH **rauchig mit leichter Honig-Note**

 GESCHMACK **sanft, torfig, malzig mit fruchtigen Anklängen**

 ALKOHOL **40 Vol.-%**

Nach dem Verkauf von *Cooley* an den amerikanischen Spirituosen-Riesen *Beam Global* (heute *Beam-Suntory*) im Jahre 2012 wurden weitere Veränderungen im Marketingkonzept und in der Strategie des Unternehmens umgesetzt. So wurde die Destillerie kurzerhand in *Kilbeggan Distillers Company* umbenannt und dadurch auch einige bisherige Cooley-Marken, wie *Greenore,* unter dem neuen Namen *Kilbeggan* auf den Markt gebracht. Auch wenn der als Small-Batch-Abfüllung kaum mehr zu bekommen ist, sei er hier (Seite 54) erwähnt, weil er ein sehr typischer, aber inzwischen rarer *Single Grain* ist. Zudem werden heute keine Fässer mehr an unabhängige Abfüller verkauft, die immer dankbare Abnehmer waren. Diese müssen sich nun überlegen, woher sie ihre Whiskeys beziehen – oder selbst Destillerien bauen.

Locke's Single Malt, 8 Jahre

STIL Single Malt

GERUCH fruchtig, Getreide- und leichte Rauch-Noten

GESCHMACK süß, Vanille, würzig-malzig

ALKOHOL 40 Vol.-%

Tyrconnell Single Malt

STIL Single Malt

GERUCH fruchtige Zitrus-Noten, Malz

GESCHMACK ölig, süß, weich mit Anklängen von Zitrus und Orange

ALKOHOL 43 Vol.-%

Außer der Abfüllung mit 43 Vol.-% aus ehemaligen Bourbonfässern gibt es noch weitere mit 46 Vol.-%, darunter einen 16-jährigen *Single Malt* sowie 10-Jährige von unterschiedlichen Fasstypen (Port, Sherry oder Madeira).

Kilbeggan Single Grain, Small Batch – 8 Jahre

STIL Single Grain Whiskey

GERUCH Honig, Eichenholz-Noten

GESCHMACK Honig, Mandeln, leichte Getreide-Aromen, Gewürze

ALKOHOL 40 Vol.-%

Whiskey Museum
& Visitor Centre
Martin's Pub
Riverstown
County Louth
cooley.visitor.centre@gmail.com

Teeling Destillerie

DIE REVOLUZZER

Der Boom des Irish Whiskeys hat in den vergangenen Jahren eine Menge neuer Anbieter auf den Plan gerufen, was kaum überraschen dürfte. Die aktuelle Entwicklung in Irland wäre indes nicht ohne einige ganz spezielle Namen möglich gewesen, die als erste den etablierten Anbietern ab 2015 selbstbewusst und frech die Stirn boten.

TEELING WHISKEY COMPANY

Die Wiederauferstehung der irischen Whiskey-Industrie wäre wie beschrieben ohne den Namen *Teeling* undenkbar. Dass aber nicht nur John Teeling, sondern auch seine Söhne Jack und Stephen das Whiskey-Machen im Blut haben, zeigte sich schon bald nach dem Verkauf der *Cooley Distillery*. Als Johns ältester Sohn Jack Teeling, der als Geschäftsführer der *Cooley Distillery* gearbeitet hatte, das Unternehmen nach dem Verkauf im Frühjahr 2012 verließ, hatte er nicht nur mehr als zehn Jahre Berufserfahrung in der Whiskey-Branche, sondern auch Lust auf mehr.

Ohne zu wissen, dass ein Familienvorfahre namens Walter Teeling bereits 1782 in Dublin Whiskey gebrannt hatte, gründete er sofort mit Partnern die *Teeling Whiskey Company* mit dem erklärten Ziel, den „Spirit of Dublin" zurück in die alte Hauptstadt zubringen. Bis zur Eröffnung der neuen *Teeling Distillery* konnten sich Jack und sein Bruder, Stephen Teeling, der 2013 zum Unternehmen stieß, durch einen klugen Schachzug ihres Vaters bereits einen Namen machen. Beim Verkauf der *Cooley Distillery* hatten sich die Teelings einen nicht unerheblichen Teil der Cooley-Lagerbestände gesichert – und außerdem hatten sie auch einen Liefervertrag mit den neuen Eignern abgeschlossen. Damit konnten Jack und Stephen Teeling unter dem neuen Markennamen *Teeling Whiskey* sowohl ältere Jahrgänge als auch neue Abfüllungen auf den Markt bringen.

Am 9. Juni 2015 öffnete nach mehr als 120 Jahren mit der *Teeling Distillery* wieder eine Whiskey-Brennerei in den Dublin Liberties ihre Pforten – über dem Eingang der Destillerie und auf jeder Flasche, die sie verlässt, prangt stolz eine Art Wappentier der neuen Whiskey-Nation Irland: ein Phönix, der sich aus der Asche erhebt.

In Kürze wird die vorgegebene Mindestlagerdauer von drei Jahren erreicht sein. Dann wird es spannend, den Hausstil mit den ersten hier gebrannten Abfüllungen zu verkosten.

Teeling Small Batch Whiskey

STIL Blend aus Malt Whiskeys

GERUCH Rum-Note, süßlich, Vanille

GESCHMACK rund, süß, leicht würzige Holz-Noten

ALKOHOL 40 Vol.-%

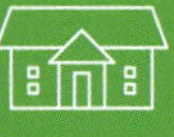

Teeling Whiskey Distillery
13–17 Newmarket
Dublin
https://teelingwhiskey.com

WALSH WHISKEY DISTILLERY

Auch im Süden der grünen Insel ist man daran, den alten Traditionen ihr wohlverdientes Comeback zu ermöglichen. Am 21. Juni 2016 kehrte im County Carlow nach mehr als 200 Jahren die Kunst der Destillation an die Ufer des Flusses Barrow im Südwesten Irlands zurück. Mit der Eröffnung der *Walsh Whiskey Distillery* in Royal Oak erfüllten sich Rosemarie und Bernard Walsh nicht nur den Traum von einer eigenen Brennerei. Die Anlage auf dem rund 16 Hektar großen Anwesen ist auch die einzige unabhängige irische Brennerei, die alle drei Stile des Irish Whiskeys (*Pot Still*, *Malt* und *Grain Whiskey*) herstellen kann.

Die beiden Gründer sind in der Spirituosen-Branche keine Unbekannten, denn seit 1999 sind sie bereits mit dem *Hot Irishman*, einem Kaffee-Likör, erfolgreich auf dem Markt vertreten. Unter den Marken *The Irishman* und *Writers Tears* (Seite 72) kamen bisher aus Royal Oak *Single Malts* und *Pot Still Whiskeys* als modern interpretierte Klassiker der Extra-Klasse. 2013 erwarb der italienische Getränkekonzern *Illva Saronno* die Hälfte der Unternehmensanteile, seit Beginn 2019 haben sich beide Unternehmen getrennt. Die Brennerei soll in *Royal Oak Distillery* umbenannt werden, die nun ganz in Saronno-Hand ist. Die

Familie Walsh hält weiter die Rechte an den bekannten Marken und zeichnet für deren Qualität verantwortlich. Wer in Zukunft die Basis für *The Irishman* und *Writers Tears* liefern wird, war bei Drucklegung des Buches noch ungewiss.

Besucher der Brennerei sind weiter herzlich willkommen – es gibt bei Royal Oak auch ein modernes Besucherzentrum in einem Herrenhaus aus dem 18. Jahrhundert.

The Irishman – 12-jähriger Single Malt

STIL **Single Malt**

GERUCH **süß-würzige Aromen von Vanille und Zimt, gepaart mit Anklängen an frische Äpfel**

GESCHMACK **deutliche Noten von Vanille und schwarzem Pfeffer, dennoch weich und fruchtig**

ALKOHOL **43 Vol.-%**

Walsh Whiskey Distillery
Royal Oak
Clorusk Lower
County Carlow
www.walshwhiskey.com

Fischerdorf im Südwesten Irlands

WEST CORK DISTILLERS

Die Geschichte der *West Cork Distillers (WCD)* könnte als Blaupause für viele neue Projekte in Irland dienen: Die *WCD* wurde 2003 von den drei Freunden John O'Connell, Denis und Ger McCarthy in Union Hall, einem kleinen Fischerdörfchen in West Cork, gegründet. Während Ger und Denis einst Fischer waren, hatte sich John als promovierter Forschungs- und Entwicklungswissenschaftler einen Namen bei großen Nahrungsmittel- und Getränkefirmen gemacht. Was die drei verband, war neben der Freundschaft seit Schultagen auch die Liebe zur Heimat und der stolzen Geschichte von West Cork als einem der Zentren für handwerklich gemachte Lebensmittel und Getränke. Kurzum, die drei Freunde wollten gemeinsam eine Destillerie errichten, um qualitativ hochwertige Spirituosen herzustellen und nachhaltige Jobs und Beschäftigung in diesem schönen, aber abgelegenen Teil Irlands zu schaffen.

Gesagt, getan: Gemeinsam gründeten sie 2003 die *West Cork Distillers Ltd.* – bereits ein Jahr später floss der erste *New Make*. Dabei waren die Anfänge von Improvisation geprägt, die aber heute genau den Unterschied ausmacht. Die Produktionsanlagen wurden fast komplett selbst gebaut und unterscheiden sich von allen anderen Anlagen in Irland nicht nur durch das in sie geflossene Herzblut. Auch das Team der *West Cork Distillers* ist einzigartig: Es besteht aus Fischern, Maschinenbauern, Installateuren, promovierten Lebensmittelingenieuren und einem Doktor für Laser-Technologie. Der berühmte West-Corker Geist des "Can Do" könnte nicht besser Gestalt angenommen haben.

Das Team, das von Branchengrößen wie Frank McHardy (ehemals *Springbank*) oder Dr. Barry Walsh (ehemaliger Master Blender der *Irish Distillers*) unterstützt wird, hat sich mittlerweile einen guten Namen als experimentierfreudiger und innovativer Hort für neuen irischen Whiskey gemacht.

West Cork Single Malt Whiskey – 10 Jahre

STIL Single Malt

GERUCH eindeutig Vanille und Karamell, leichte Apfelnoten

GESCHMACK weniger fruchtig, dafür deutlich malzig mit starkem Karamell-Eindruck

ALKOHOL 40 Vol.-%

West Cork Distillery
16 Castletownsend Road
Carrigfadda
County Cork
www.westcorkdistillers.com

DIE NEUEN

Als eine Art Goldrausch bezeichnen viele Außenstehende, aber auch Produzenten vor Ort die derzeitige Aufbruchsstimmung in Irlands Whiskey-Welt. Ob ambitionierte Quereinsteiger, passionierte Entrepreneure oder scharf kalkulierende Investoren: Die Ergebnisse können sich meist sehen und schmecken lassen.

Obwohl viele der im Folgenden vorgestellten neuen Anbieter ihre Destillerien noch bauen und zunächst auf zugekaufte Destillate als Basismaterial zurückgreifen müssen, habe ich diejenigen Abfüllungen porträtiert, die nach Meinung der jeweiligen Master Blender und Master Distiller den künftigen Stil des Hauses schon jetzt am besten widergeben.

CONNACHT WHISKEY COMPANY

Die Idee zur *Connacht Whiskey Company Ltd.* stammt von den Brüdern David und P. J. Stapleton. Nachdem sie, so die Erzählung, auf dem Golfplatz von Connemara mit den drei Amerikanern Robert Cassell, Tom Jensen und John Romanelli ihre Investoren und Branchenexperten gefunden hatten, wurde die *Connacht Whiskey Company* 2014 gegründet. Ziel war es, typisch irischen *Pot Still Whiskey* vor allem auf den nordamerikanischen Markt zu bringen.

Der erste Alkohol floss bereits ein Jahr später aus den drei Brennblasen in Ballina im County Mayo, zu der die namengebende Provinz Connacht gehört. Produziert werden derzeit noch vor allem Gin und Vodka. Unter dem Namen *Spade & Bushel* wird ein 10-jähriger Irish Whiskey abgefüllt, der aus Cooley zugekauft wird – bei uns aber derzeit noch nicht erhältlich ist.

Währenddessen wird bereits der eigene *Connacht Irish Whiskey*, ein in *Pot Stills* doppelt gebrannter *Single Malt*, produziert, der nun reift. Die erste Abfüllung soll 2020 auf den Markt kommen.

Spade & Bushel – 10-jähriger Single Malt

STIL **Single Malt Whiskey**

GERUCH **nussig, rauchig**

GESCHMACK **fruchtig, Apfel-Noten, Karamell**

ALKOHOL **57,5 Vol.-%**

Connacht Distillery
Belleek
Ballina
County Mayo
https://connachtwhiskey.com/

DINGLE DISTILLERY

Die *Dingle Whiskey Distillery* entstand im kalten Winter 2012. Irland begann gerade, sich von der größten Rezession der jüngeren Landesgeschichte zu erholen, als Oliver Hughes, Liam LaHart und Peter Mosley in einer ehemaligen Sägemühle auf der kleinen Halbinsel im Westen Irlands eine Destillerie gründeten. Die drei hatten sich bereits in den 1990er Jahren einen Namen als Bierbrauer gemacht.

Die ersten Dingle-Whiskey-Fässer wurden am 18. Dezember 2012 abgefüllt. Der irischen Tradition folgend, einen Whiskey mindestens drei Jahre reifen zu lassen, wurde Fass Nr. 2 am 19. Dezember 2015, abgefüllt. Seit Ende 2016 wird der dreifach in *Pot Stills* gebrannte *Dingle Single Malt* aus der kleinen Produktion von täglich zwei Fässern verkauft.

Dingle Single Malt

STIL **Single Malt**

GERUCH **Orangen, dunkle Schokolade**

GESCHMACK **dicht, malzig, Karamell, Schokolade**

ALKOHOL **46,5 Vol.-%**

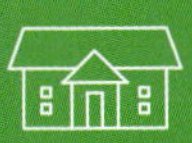
Dingle Distillery
Farranredmond
Dingle
County Kerry
www.dingledistillery.ie

TULLAMORE DISTILLERY

Einer der klangvollsten Namen unter den irischen Whiskeymarken hat eine bewegte Vergangenheit, die aber typisch für viele andere Marken von der grünen Insel ist, denn sie verbindet alte Geschichten mit der Hoffnung auf eine neue, große Zukunft. 1829 gründete Michael Molloy die *Tullamore Distillery* im gleichnamigen Ort in der Grafschaft Offaly, einer traditionellen Getreideanbauregion Irlands. Nach Molloys Tod ging die Destillerie in den Besitz seines Neffen Bernard Daly über, der sie in *B. Daly Distillery* umbenannte. Daniel Edmond Williams, der spätere Hauptgeschäftsführer, begann 1862 im Alter von 14 Jahren seine Ausbildung zum Brennmeister in der Destillerie und kreierte 1887 das Markenzeichen der Brennerei: Er fügte der Marke Tullamore seine Initialen D. E. W. hinzu.

Bis 1954 wurde der *Tullamore D. E. W. Whiskey* dann in der ehemaligen Destillerie in Tullamore produziert. Nach der Schließung der Brennerei im Zuge des Destillerie-Sterbens in Irland wurde die Produktion zunächst in die *Powell's Distillery* in Dublin und später in die *Midleton* und *Bushmills* Brennereien verlagert. Doch 2010 erwarben *William Grant and Sons Ltd.* die Markenrechte. Die unabhängige Destillerie aus Schottland, die 1887 von William Grant gegründet wurde, wird mittlerweile in fünfter Generation von seiner Familie geführt und stellt einige der weltweit führenden Scotch-Marken wie *Balvenie* oder *Glenfiddich* und – natürlich – *Grant's* her.

2013 verkündete *William Grant & Sons*, dass sie eine komplett neue Großbrennerei bauen würden, in der dann auch wieder der *Tullamore D. E. W.* produziert werden sollte. Der erste Spatenstich erfolgte im Herbst 2012 – fast genau 60 Jahre nachdem die alte *Tullamore Distillery* ihre Tore schließen musste. Die neue Destillerie entstand außerhalb der Stadt Tullamore und seit September 2014 wird dort Whiskey produziert. Derzeit gibt es drei *Pot Stills*, auf denen *Single Malt* und *Single Pot Still Whiskey* produziert wird. Momentan werden die vier Lagerhäuser täglich mit neuen Fässern befüllt, aber es ist Platz für weitere 13 Läger, die noch gebaut werden sollen. Schon jetzt ist die „neue" *Tullamore Distillery* eine der größten Irlands.

Tullamore D.E.W. Whiskey

STIL Blended Pot Still Whiskey

GERUCH würzig, Zitrone, Vanille, Malz

GESCHMACK weich, geröstetes Holz, Malz, Vanille

ALKOHOL 40 Vol.-%

Tullamore D.E.W. Visitors Centre
Bury Quay
Tullamore
County Offaly

Tullamore D.E.W. Irish Whiskey Distillery
Clonminch, Tullamore
County Offaly
www.tullamoredew.com

THE ECHLINVILLE DISTILLERY

Als der nordirische Geschäftsmann Shane Braniff 2005 seine beiden Whiskey-Marken *Strangford Gold Irish Whiskey* und *Feckin Irish Whiskey* auf den Markt brachte, musste er die Basisbrände unter anderem bei *Cooley* zukaufen. Schon damals war es sein Traum, irgendwann einmal in seiner eigenen Destillerie Whiskey herzustellen.

Bis dahin dauerte es noch etwas, doch im Mai 2013 erhielt Braniff die Lizenz, Spirituosen zu brennen – es war die erste Brennlizenz, die in Nordirland seit 125 Jahren ausgestellt wurde! Teil der Lizenz war es, auf dem Landsitz Echlinville, etwas außerhalb des Örtchens Kircubbin auf der Halbinsel Ards im County Down, eine Destillerie zu errichten. Das historische Anwesen gehörte praktischerweise Shane Braniff und seiner Frau Lynn. Also begannen die Bauarbeiten, und die neue Brennerei kam in den ehemaligen Stallungen unter.

Im August 2013 floss bereits der erste *New Make* aus den Stills. Im September 2015 waren die Bauarbeiten beendet und die Anlage wurde eröffnet. Seitdem werden im Familienbetrieb dreifach gebrannte *Pot Still* und *Malt Whiskeys* aus Gerste produziert, die auf den Feldern der angrenzenden Farmen wächst. Das verwendete Wasser stammt aus einer nahe gelegenen Quelle.

Bei Echlinville hat man zudem auch die alte Marke *Dunville's* wiederbelebt und füllt unter dem Label bis dato drei Whiskeys ab, zwei Blends mit dem Namenszusatz "Three Crowns", von denen einer getorft ist, und einen *Single Malt*, der in Pedro-Ximénez-Sherryfässern nachgelagert wurde.

Dunville's Old Irish Single Malt Very Rare PX

STIL **Single Malt**

GERUCH **Karamell, leichte Salz-Noten**

GESCHMACK **pfeffrig**

ALKOHOL **46 Vol.-%**

The Echlinville Distillery,
Echlinville House
62 Gransha Road
Newtownards
County Down
https://echlinville.com/

GLENDALOUGH DISTILLERY

Das Tal von Glendalough ist wahrscheinlich eine der historischen Geburtsstätten der Destillierkunst in Irland: Aufzeichnungen aus dem Jahr 584 beschreiben, wie hier, rund 40 Kilometer südlich von Dublin, Destillate aus Getreide und Kartoffeln von St. Kevin, einem irischen Mönch, hergestellt wurde.

An diese Geschichte wollten fünf Freunde anknüpfen, als sie 2011 in Wicklow eine kleine Destillerie mit dem Namen des sagenumwobenen Tals gründeten. Um sich bekannt und einen Namen zu machen, verkauften die Freunde von Anfang an zugekaufte und selbst abgefüllte Tropfen: vor allem Gin und modernen Poitín – aber auch einen *Single Grain Whiskey* und einen 7- bzw. 13-jährigen *Single Malt*, der von *Cooley* stammt. Im Mai 2014 floss dann der erste selbstgebrannte *New Make*. Auch er wird für die ungewöhnlichen *Glendalough Poitíns*, den eigenen Gin und natürlich den eigenen Whiskey verwendet.

2016 erwarb die kanadische Getränkegruppe *Mark Anthony Brands* Anteile an *Glendalough* und investierte mehr als fünf Millionen Euro in die Brennerei, um die Kapazitäten zu erweitern. Zudem ist ein Besucherzentrum geplant.

Nachdem die Eröffnung der Destillerie immer wieder verschoben wurde, soll es nun 2019 soweit sein.

Glendalough Single Malt Whiskey – 7 Jahre

STIL Single Malt

GERUCH kräuterig, leicht floral, Zitrus-Aromen

GESCHMACK Zitrus-Noten, leicht pfeffrig, Malz-Aromen

ALKOHOL 46 Vol.-%

www.glendaloughdistillery.com

RADEMON ESTATE DISTILLERY

Seit der Eröffnung im Jahr 2012 wurde in der *Rademon Estate Distillery* vor allem ausgezeichneter Gin hergestellt, der den Namen Shortcross trägt. Seit 2015 produzieren Fiona und David Boyd-Armstrong auch *Single Malt Whiskey* in einer maßgeschneiderten *Pot Still*, die auf etwas körperreichere Ergebnisse ausgerichtet ist. Im ersten Jahr wurden auf dem in der Nähe von Belfast gelegenen historischen Familienbesitz der Boyd-Armstrongs etwa 100 Fässer befüllt. Der erste eigene Whiskey soll bald auf den Markt kommen.

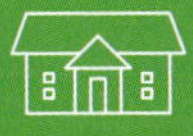
Rademon Estate Distillery
Downpatrick · County Down
http://shortcrossgin.com/

DRINK IT UP

EMPFEHLUNGEN FÜR EINSTEIGER UND GENIEßER

Ob Sie Einsteiger oder bereits passionierte Whisk(e)y-Genießer sind: Wer sich mit irischem Whiskey beschäftigen möchte, muss ihn trinken!

Daher folgen hier persönliche Tipps für Einsteiger, Neugierige und Aficionados. Viel Spaß beim Entdecken und "Sláinte mha(i)th" – „Auf gute Gesundheit!“

JAMESON CRESTED

Für Einsteiger

Der *Jameson Crested* ist ein Art Zeitreise: Früher war es in Irland üblich, dass die Brennereien ihren Whiskey fässerweise an unabhängige Händler verkauften, die sich dann um die Reifung und Abfüllung kümmerten. So auch bei *Jameson* in den Dubliner Liberties. Nachdem aber einige der Händler den Whiskey zunehmend streckten und so den guten Ruf der Marke in Gefahr brachten, änderten die Brenner 1963 die Praxis. Sie übernahmen den gesamten Herstellungsprozess wieder selbst. Die erste dieser eigenen Abfüllungen wurde mit einem neuen Whiskey gefeiert: dem *Jameson Crested*, einem eleganten, lebhaften Blend. Der Whiskey wird heute noch genauso hergestellt wie damals und ist ein Klassiker für sich.

STIL **Blend aus Pot Still und Grain Whiskey**

GESCHMACK **Trockenfrüchte, Sherry-Noten, leichte Gewürz-Aromen**

GERUCH **fruchtiges Pot-Still-Aroma, Vanille**

ALKOHOL **40 Vol.-%**

CONNEMARA PEATED SINGLE MALT – 12 JAHRE

Für Genießer

Connemara ist nicht nur eine atemraubend schöne Landschaft im äußersten Westen Irlands – der Name steht und stand auch lange für den einzigen getorften Whiskey der Insel! Wer also feine Torf- und Rauch-Noten mag – ohne die schweren Phenole so vieler schottischer Islays –, der ist beim *Connemara Whiskey* gut bedient.

Hier werden beste Bourbonfässer zur Lagerung ausgewählt. Das Ergebnis kann sich schmecken lassen: Der 12-Jährige ist trotz seiner Komplexität ausbalanciert und vereint Rauch-Noten mit dem Geschmack von Früchten, Malz- und Torf-Aromen mit Leder- und Holz-Noten zu einem tollen Whiskey, der reich an Raffinessen ist.

STIL **Single Malt Whiskey**

GERUCH **leichte Rauch- und Torf-Noten, Kräuter-Aromen, frische Nase**

GESCHMACK **rund und weich, Aromen von Früchten und Torf, leichte Mandel-Noten**

ALKOHOL **40 Vol.-%**

Kilbeggan Pot Still

Kilbeggan Fassherstellung

Cooley lagert seine Whiskeys bei Kilbeggan.

WRITERS TEARS COPPER POT

Für Einsteiger

Ich gestehe: Ich habe eine besondere Schwäche für den *Writers Tears.* Nicht nur, weil er eine (augenzwinkernde) Verbeugung vor Irlands großen Literaten und Poeten (und ihren kleinen Helfern in der Not), sondern weil er ein moderner Klassiker ist. Der *Writers Tears* wurde der irischen Tradition folgend dreifach destilliert – vereint aber schlicht und modern das Beste eines *Single Pot Stills* und eines irischen *Single Malts.*

STIL **Blend aus Pot Still Whiskeys**

GERUCH **feine abgestimmte Vanille- und Malz-Noten**

GESCHMACK **frisch mit feinen Honig- und Gewürz-Aromen, grüner Apfel**

ALKOHOL **40 Vol.-%**

THE QUIET MAN SINGLE MALT – 8 JAHRE

Für Genießer

Wer beim Namen des Whiskeys an den Filmklassiker mit John Wayne denkt, liegt falsch. Denn dieser ist eine Reminiszenz an den Vater des unabhängigen Whiskey-Abfüllers Ciaran Mulgrew. „Mein Vater John", so erzählt Ciaran, „hat im Laufe von mehr als 50 Jahren als Barkeeper in und um Belfast viele Dinge gesehen und viele Geschichten gehört. Aber wie alle guten Barkeeper hat er nie etwas weitererzählt." Deshalb *The Quiet Man* oder auf Irisch *an Fear Ciuin*.

Derzeit gibt es einen 8- und 12-jährigen *Single Malt* sowie einen *Blend*. Die *New Makes* ausgewählter Destillerien füllt Ciaran dafür in neue *First Fill* Bourbonfässer, in denen der Whiskey die volle Zeit lagert, bevor er auf Flaschen gezogen wird.

STIL **Single Malt Whiskey**

GERUCH **würzig mit Zitrusfrucht, im Hintergrund leichte Süße**

GESCHMACK **würzig mit süß-fruchtigen Akzenten, im Abgang trocken mit Vanille**

ALKOHOL **46 Vol.-%**

www.thequietmanirishwhiskey.com

REDBREAST SINGLE POT STILL WHISKEY – 12 JAHRE

Für Einsteiger und Genießer

Der *Redbreast* ist irisches Original – ein *Single Pot Still Whiskey* der alten Schule und wie er sein sollte: fruchtig und facettenreich mit langem Nachklang. Der eher ungewöhnliche Name "Redbreast" („Rotkehlchen") erinnert an den Vogelliebhaber, der vor Jahrzehnten Geschäftsführer der Brennerei war. Der *Redbreast* war überaus populär, vor allem beim Land-Klerus, und bekam so den Spitznamen "The Priest's Bottle" (die Pfarrerflasche), denn eine Flasche war praktisch in jedem irischen Priesterhaushalt vorrätig. Welche Geschichte Ihnen auch immer am besten gefällt: Der *Redbreast* ist ein selbstbewusster irischer *Pure Pot Still* mit enormer Tiefe und Substanz, ungewöhnlich großer Bandbreite an Geschmacksnoten und voll fruchtiger Aromen (Vorstellung auf Seite 50).

WHISKEY-RARITÄTEN

FÜR SAMMLER
UND LIEBHABER

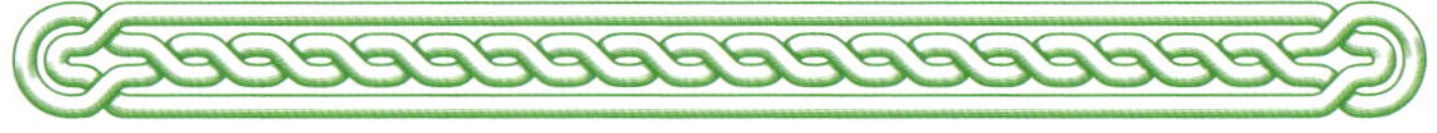

Wie sehr auch Whisk(e)ys mittlerweile zu Sammel- und Anlageobjekten geworden sind, zeigen zuverlässig die Preisentwicklung und die Gebote auf Auktionen in den vergangenen Jahren bei Single Malts aus Schottland. An den irischen Whiskeys ist eine Entwicklung in dieser Form bisher noch vorbei gegangen, doch langsam rücken auch seltene und alte Abfüllungen von der grünen Insel in den Fokus von Sammlern.

Dabei ist das Suchprofil, grob gesagt, das gleiche wie beim *Scotch:* Was zählt, ist ein möglichst hohes Alter, eine eindeutige Provenienz und – natürlich – Rarität im Sinne der Limitierung, also einer möglichst geringen Anzahl von Flaschen einer Abfüllung.

Getragen von der wechselvollen Geschichte des Irish Whiskeys sind Abfüllungen ab den 1950er Jahren bis in die 1990er Jahren rar – egal, ob es sich um „verlorene", also geschlossene, Destillerien oder die großen Namen handelt. Sie noch zu finden, gleicht einem kleinen Lottogewinn.

Wer keine Lust zum Suchen hat, sollte sich an die Exklusiv-Editionen von *Teeling* und *Midleton* halten. Die beiden Destillerien bringen regelmäßig alte Schätze aus ihren Beständen zu Sammlerpreisen auf den Markt: *Teeling* mit der *Vintage Reserve Selection, Midleton* jedes Jahr mit der *Very Rare*-Edition.

MIDLETON VERY RARE

Die Flaschen der jährlich im November erscheinenden *Very Rare*-Edition von *Midleton* sind datiert und werden jedes Jahr in begrenztem Umfang herausgegeben. Dazu werden die besten Fässer ausgewählt, um die bestmögliche Mischung aus dreifach destillierten Whiskeys im Alter von 12 bis 21 Jahren zu erreichen. *Midleton Very Rare* kam erstmals 1984 heraus und seither gab es jedes Jahr einen neuen Jahrgang. Die Flaschen sind durchnummeriert und vom Master Distiller signiert. Die Abfüllungen des *Midleton Very Rare* sind zwar über die Jahrgänge ähnlich, dennoch hat jeder Jahrgang seinen eigenen Charakter. Die Preise liegen derzeit bei moderaten 130,– bis 150,– Euro.

TEELING VINTAGE RESERVE COLLECTION 33 JAHRE

Hier hat die Familie Teeling mal wieder den eigenen Keller geöffnet, der dank der Firmengeschichte mit *Cooley* noch immer gut gefüllt sein dürfte. Die bisher älteste Abfüllung der *Vintage Reserve Collection* ist auf 275 Flaschen limitiert und reifte 33 Jahre lang in ehemaligen Bourbonfässern. Dieser *Single Malt* gehört sicher zu den ältesten derzeit auffindbaren Irish Whiskeys und ist für rund 3.000,– Euro bei gut sortierten Händlern zu bekommen.

MIDLETON PURE POT STILL 25 JAHRE

Er ist berühmt als einer der besten irischen Whiskeys, der je in Flaschen abgefüllt wurde: Der *Midleton Pure Pot Still 25 Years* ist ein reiner *(Single) Pot Still Whiskey*, der 1973 in der alten *Midleton*-Brennerei destilliert und Ende des Jahres 1990 in Flaschen abgefüllt wurde. Davon wurden nur rund 1.000 Flaschen auf den Markt gebracht – wer eine der noch auffindbaren davon sein eigen nennen möchte, wird bis zu 3.000,– Euro anlegen müssen.

KNAPPOGUE CASTLE 1951

Knappogue Castle hat einen einzigartigen Stand unter den irischen Whiskeys. Als die alte *Tullamore*-Destillerie 1954 schloss, wurden einige Fässer aus den Lagerhäusern zum Verkauf freigegeben. Einer der Interessenten war Mark Edwin Andrews, der gerade wieder Knappogue Castle im County Clare aufbaute. Er schaffte es, eine Reihe von Fässern aus verschiedenen Jahrgängen zu bekommen, von denen er das Meiste abgefüllt an Freunde verschenkte oder für den Eigenbedarf verwendete. Nach 36 Jahren im Fass brachte der Schlossherr 1987 den 1951er auf den Markt. Bis heute gilt dieser Jahrgang von Knappogue Castle als einer der besten Whiskeys, die je hergestellt wurden. Er ist keineswegs perfekt, aber seine Unvollkommenheit macht ihn besonders interessant. Eine Flasche wird momentan für rund 1.000,– Euro gehandelt.

OLD COMBER PURE POT STILL – 30 JAHRE

Das ist ein seltener, alter Whiskey aus der *Old Comber Distillery*, die sich in der Stadt Comber in County Down befand. Der letzte Brand wurde 1950 hergestellt und um diese Zeit wurde auch der Old Comber destilliert, der in den 1980er Jahren in Flaschen kam. Er ist bei Sammlern sehr gefragt, da nur ein paar hundert Flaschen davon abgefüllt wurden.

Der Old Comber eignet sich gut als erster Baustein für eine Sammlung, denn mit derzeit rund 500,– Euro ist er relativ preiswert zu haben.

Bucht am Giant's Causeway, der ganz in der Nähe von Bushmills im County Antrim ist.

FUNDGRUBE

Wer nicht nur punktuell auf den Geschmack gekommen ist, sondern sich tatsächlich eine Whiskey-Sammlung aufbauen will, hat zwei Möglichkeiten: Die regulären Auktionen zu besuchen oder einen Ausflug nach Dublin zu machen. Dort findet sich im Herzen der Stadt, nahe dem St. Stephens Green, der *Celtic Whiskey Shop*. Der Laden hat wahrscheinlich die größte Auswahl an altem und seltenem irischen Whiskey, die weltweit zum Verkauf angeboten wird: von antiken Flaschen, die in mittlerweile geschlossenen Brennereien hergestellt wurden, bis hin zu den limitierten Premium-Editionen aktueller Hersteller. Das Team kauft von Sammlern, Liebhabern oder jedem, der das Glück hat, eine alte Flasche auf dem Dachboden oder sonst wo zu finden.

Ein Besuch des *Celtic Whiskey Shops* lohnt sich also beim nächsten Dublin-Besuch. Die Adresse lautete 27–28 Dawson Street. Mehr Informationen finden Sie auch unter: **www.celticwhiskeyshop.com**

Whiskey-Fass beim Küfer

Whiskey-Reifung im ehemaligen Rum-Fass auf Paletten

Historische Stills im Museum von *Jameson*

Die *Teeling Destillerie* am New Market in Dublin

FILL
'EM UP

DIE ZUKUNFT DES IRISH WHISKEYS

Die mageren Jahre sind vorbei: Jahrzehntelang spielte irischer Whiskey kaum noch eine Rolle – jetzt macht sich die Whiskey-Nation auf, ihren angestammten Platz auf der Landkarte wieder einzunehmen. Doch wie wird die Zukunft des Irish Whiskeys aussehen? Können neue Anbieter und Produkte neben alten Marken existieren? Werden die vorhandenen Bestände in naher Zukunft knapp oder sind die Märkte durch die Neuzugänge bald gesättigt? Und wie kann der derzeitige „Goldrausch" mit zweistelligen Wachstumsraten in langfristiges und nachhaltiges Wachstum kanalisiert werden?

Viele der aktuellen Fragen werden die Iren mit dem ihnen eigenen Pragmatismus lösen. Doch zwei der derzeit heftig diskutierten Themen zeigen spannende strukturelle Fragen, die die Whiskeynation Irland auch künftig prägen werden.

NEUE PLAYER IM MARKT: BONDER VERSUS DESTILLERIEN

Im Spätsommer 2017 machte eine Diskussion um die unklare Provenienz mancher Abfüllungen der jungen Destillerien aus Irland die Runde in der Whisk(e)y-Welt. Grund für die Aufregung waren zwei simple Sachverhalte – der erste nicht überraschend, der zweite aber durchaus ärgerlich.

Anders als neue Destillerien in Schottland warten viele der neuen irischen Brenner nicht, bis ihre Destillerien den Betrieb aufgenommen haben und dann nochmals drei Jahre, um mit „eigenen" Produkten auf den Markt zu kommen. Um den eigenen Namen und die eigene Marke bereits am Markt bekannt zu machen, kaufen sie von den großen Produzenten *Cooley*, *Midleton* oder *Bushmills* zu, verschneiden und/oder finishen die Brände nochmals, um ihnen die eigene Note zu geben und bringen diese Whiskeys dann unter ihrem Namen auf den Markt. So weit, so nachvollziehbar – denn zum einen setzen die neuen Produzenten damit bereits eine Marke im Markt, zum anderen kommt dadurch bereits (in den meisten Fällen nicht unwillkommenes) Geld in die Kassen.

Was nun aber vollkommen zu Recht für Irritation sorgte, war und ist die Tatsache, dass bei einigen der neuen Whiskeys einfach nicht klar ist, woher sie eigentlich stammen – aus der eigenen Brennerei (wenn es sie denn gab/gibt) kann es jedenfalls (noch) nicht sein. Stattdessen sollen so blumige Formulierungen wie „ausgewählte Fässer" oder *crafted by* den Kunden auf dem Etikett eine Herkunft vorgaukeln, die es so nicht gibt. Auch wenn sich das Problem bei den meisten Herstellern durch das Erreichen der vorgeschriebenen Reifedauer mit der Zeit erledigen wird, fühlten sich doch Experten wie Kunden in die Irre geführt.

Crumlin Road Gaol: Das „Crum" ist das ehemalige Belfaster Gefängnis und vielleicht auch einmal Heimstatt einer neuen Destillerie (Seite 92).

Dabei hat ein vergleichbares Vorgehen, der Kauf gebrannten Whiskeys von einer Destillerie und die individuelle weitere Lagerung sowie das Verschneiden für neue, eigene Produkte, sowohl in Irland wie auch Schottland durchaus Tradition. Unabhängige Abfüller stehen hoch im Ansehen der Kunden, ihre Produkte sind nicht selten heiß begehrt und werden hochpreisig gehandelt – schottische Unternehmen wie *Gordon & MacPhail's*, *Signatory*, *Compass Box* oder *Douglas Laing* genießen ein hervorragendes Image.

Diese unabhängigen Abfüller brennen den Whiskey nicht selbst, sondern kaufen einzelne und ausgesuchte volle Fässer bei den Destillerien und entscheiden dann selbst, ob und wie lange sie den Whiskey im (selben) Fass weiter reifen lassen, ob sie ihn in ein anderes umfüllen oder mit anderen verschneiden. Das dann abgefüllte Produkt trägt somit die individuelle Handschrift des jeweiligen Abfüllers – ohne dass der Whiskey selbst von ihm gebrannt wurde.

Während man sie in Schottland unabhängige Abfüller nennt, hießen sie in Irland früher – und dank Louise McGuane auch heute wieder – *Whiskey Bonder* oder schlicht: *Bonder*.

Whiskey Bonding war früher ein üblicher Weg, um Whiskey in Irland herzustellen. Noch bis Anfang des 20. Jahrhunderts füllten die Brennereien in Irland ihren Whiskey nicht selbst ab, sondern verkauften ihn an Dritte, die dann den Whiskey lagerten, *Blends* entwickelten und unter ihrem eigenen Label verkauften – die *Bonder*. *Bonder* waren nicht nur große Firmen, sondern oft Schankwirte oder Einzelhändler, die einen Pub oder einen Tante-Emma-Laden hatten. Sie kauften ein paar Fässer Whiskey, ließen sie dann auf ihrem eigenen Gelände reifen und stellten für die Kunden je nach Wunsch einen *Blend* zusammen. So hatte jeder Pub und jeder größere Ort seinen eigenen Whiskey. Auch dies war si-

Irgendwo in Irland – aber bis zum nächsten Pub ist es nie weit.

cher ein Grund für die damalige unglaubliche Vielfalt des irischen Whiskeys. Doch das Bonden starb aus – zusammen mit der kollabierenden irischen Whiskey-Industrie Anfang des 20. Jahrhunderts.

Es brauchte mit Louise McGuane eine engagierte Frau, um diese alte Tradition im County Clare, zwischen Galway und Limerick, 2015 wieder aufleben zu lassen. Mit der *Chapel Gate Irish Whiskey Company* hat sich McGuane nicht nur einen Traum erfüllt, sondern auch hohe Ziele gesteckt. Sie will das Prinzip des *Bondings* in Irland wieder reaktivieren und dabei den großen Destillerien auf der Insel mit hochklassigen Kompositionen und innovativen Abfüllungen die Stirn bieten. Die erste Abfüllung McGuanes mit dem Namen *The Gael* unter dem Brand *J. J. Corry* löste 2017 durchweg ein positives Echo aus (siehe Seite 119 f).

Auch Ciaran Mulgrew, der Besitzer von *The Quiet Man Irish Whiskey Co. Ltd.*, begann als *Bonder*, jedoch immer mit dem Ziel, einmal in einer eigenen Destillerie zu brennen. Bis dahin kauft er *New Makes* und lässt sie bei sich in ausgewählten Fässern reifen, um sie dann selbst abzufüllen (Seite 73). Ursprünglich plante er im County Derry in der Nähe von (London-)Derry den Neubau einer Destillerie. Immerhin war Derry Ende des 19. Jahrhunderts die Whiskey-Hauptstadt der Welt – mit mehr Produzenten auf einem Fleck als irgendwo sonst. Ciaran holte sich einen Investor ins Boot, doch Ende 2018 mussten die Bauarbeiten eingestellt werden. Es wäre die erste Destillerie in der Stadt seit fast 200 Jahren gewesen. Es bleibt abzuwarten, was aus seinen Plänen für eine *Quiet Man Distillery* nun wird.

Dass unabhängige Abfüller und *Bonder* auch künftig auf dem irischen Whiskey-Markt mitspielen werden, zeigen auch andere Abfüller wie Jason Stubbs, Inhaber der Whiskey-Marke *Barr an Uisce,* oder auch Tom Cleary, Besitzer des wohl bekanntesten Pubs in Irland: *The Temp-*

le Bar im gleichnamigen Vergnügungsviertel im Herzen Dublins (siehe Seite 124).

Stubbs und Mitbegründer Ian Jones wollen mit *Barr an Uisce* die in früheren Zeiten gepflegte Kultur der Pub-Whiskeys wiederbeleben, ebenso wie Tom Cleary. Der kreierte 2015 erstmals einen Whiskey eigens für den Pub – *The Temple Bar Signature Reserve. Barr an Uisce* bietet mittlerweile einen zehnjährigen *Single Malt* und einen *Signature Blend* an.

Der Erfolg gibt ihnen Recht und es wird spannend sein, zu erfahren, wohin sich die Zahl und das Angebot von Whiskey-*Bondern* in Irland in den nächsten Jahren entwickeln wird, wie sie ihre Freiheiten bei der Wahl der Fässer und Blending-Ansätze nutzen werden und – vor allem – wie das Ergebnis der Experimente schmecken wird!

Mehr zu den irischen *Bondern* und ihren Produkten finden Sie übrigens im Kapitel über Whiskey-Abfüller ohne eigene Destillerie (ab Seite 114) – wie auch auf der Website zum Buch unter **www.irish-whiskey-buch.de** .

DAS ENDE DER FREIHEIT: INNOVATION VERSUS REGULIERUNG?

Verglichen mit dem engen Korsett der *Scotch Whisky Regulations* bei den schottischen Cousins ist der irische Whiskey noch nicht stark reguliert. Was die einen als unantastbare Grundlage für die Diversität und Innovationskraft der Whiskeynation Irland verstehen, sehen andere als Feld für nötige Korrekturen und künftige Optimierung, um bei der hohen Anzahl der jährlich neu hinzukommenden Anbieter (siehe Seite 91) die Qualitätsstandards des Irish Whiskeys zu sichern.

Die Sorge der „Regulierer" ist, dass die steigende Beliebtheit irischer Whiskeys nicht in langfristigen Erfolg umgewandelt werden kann. Etwa weil der Markt mit immer mehr Marken und schnell produzierten Produkten geflutet werden könnte, denen es dann an Nachhaltigkeit und Qualität fehlt – und die so dem Image der Marke „Irish Whiskey" eher schaden als nutzen. Oder weil die Vielzahl der neuen Akteure auf dem Markt – vom Brenner bis zum Abfüller – ohne passende Strukturen und eine konsequente, gemeinsame Strategie das rasante Wachstum der Branche langfristig nicht tragen kann.

Die Befürchtungen sind angesichts des sich extrem schnell entwickelnden Marktes der vergangenen Jahre, aber auch mit Blick auf frühere Fehler durchaus verständlich, auch wenn man das von der *Irish Whiskey Association (IWA)*, der Repräsentanz und Interessenvertretung der irischen Whiskey-Industrie, offiziell formulierte Ziel sieht, die Exporte bis 2020 auf 12 Mio. Fässer zu erhöhen und dieses Volumen in den darauffolgenden zehn Jahren nochmals zu verdoppeln.

Derzeitige Grundlagen der aktuellen Regulierung sind der *Irish Whiskey Act 1980* aus demselben Jahr, die Europäische Gesetzgebung

und ein meist nur als *Technical File*[1] beschriebenes Dokument. Das *File* ist eine Art Pflichtenheft für die Herstellung eines Irish Whiskeys, das auf 17 DIN-A4-Seiten alle Konditionen – von der geographischen Herkunft, der Klassifizierung der Produkte bis hin zur Verpackung – vorgibt. Flankiert werden diese Regelungen von einem Papier der irischen Steuerbehörde mit dem wohlklingenden Namen *"Geographical Indication for Irish Whiskey & Irish Poteen – Verification Procedures Manual"*, zuletzt aktualisiert im Oktober 2017.
Etwas visionärer ist die bereits von der *IWA* verfasste und kurz gestreifte *"Vision for Irish Whiskey"*[2], die nicht nur eine gute Bestandsaufnahme bietet, sondern auch klare Ziele der Branche für die Zukunft vorgibt; darunter folgende:

a.) Der Boom-Entwicklung der vergangenen Jahre zwar Einhalt zu gebieten, die zweistelligen Wachstumsraten aber beizubehalten.
b.) Die Exporte der 9-Liter/12-Flaschen-Gebinde auf eine Gesamtzahl von zwölf Millionen in 2020 zu erhöhen und diese dann bis 2030 weiter auf 24 Millionen zu steigern.
c.) Den globalen Marktanteil von derzeit rund vier Prozent bis 2030 auf zwölf Prozent zu verdreifachen.

Bei solch ambitionierten Zielen ist es sicher unabdingbar, auch belastbare und nachhaltige Strukturen für ein weiterhin solides Wachstum zu schaffen. Ein möglicher Baustein dafür könnte das Mentoring-Programm sein, das die *Irish Distillers* ins Leben gerufen haben, in dem sie neuen irischen Whiskey-Produzenten (vor allem, wenn sie externe Brancheneinsteiger sind) technische Beratung anbieten.

In eine andere Richtung geht der Ansatz von Mark Reynier, dem Inhaber der noch jungen *Waterford Distillery*. Er möchte das, was er bei der Wiederbelebung von *Bruichladdich* in Schottland vorgelebt hat, auch in Irland etablieren: handwerkliche Destillation verbunden mit grundlegenden und elementaren Vermarktungs- und Kennzeichnungsrichtlinien – etwa der durchgehenden Rückverfolgung aller Zutaten, die bei der Herstellung verwendet wurden. Nur durch komplette Transparenz, ist Reynier sicher, ließe sich das Risiko vermeiden, dass neue – und gelegentlich unerfahrene – Hersteller die Verbraucher bewusst oder unbewusst verwirren und damit die weitere positive Entwicklung der Branche gefährden könnten.

Dennoch wird nur die Freiheit zum Experimentieren und möglichst wenig verordnete Uniformität weiter Garant für den Einfallsreichtum der irischen Whiskey-Produzenten und Innovationen bei der Herstellung und den Produkten sein – und damit nicht zuletzt auch für Vielfalt in unseren Gläsern sorgen.

---

1 *Mit vollständigem Titel: "Technical file setting out the specifications with which Irish Whiskey / Uisce Beatha Eireannach / Irish Whisky must comply"; herausgegeben von der Food Industry Development Division des Department of Agriculture, Food and the Marine; aktuellste Version vom Oktober 2014*

2 *"Vision for Irish Whiskey – A strategy to underpin the sustainable growth of the sector in Ireland"; herausgegeben von der Irish Whiskey Association im Mai 2015*

DIE GROßE KNAPPHEIT?

Im Juni 2018 meldete sich Whiskey-Veteran John Teeling mit einer Warnung zu Wort, die in der Branche für heftige Debatten sorgte. Teeling wies in einem Interview in der *Irish Times* darauf hin, dass die Bestände an irischem Whiskey in den kommenden Jahren knapp werden könnten. Grund dafür seien einerseits die steigende Nachfrage nach Irish Whiskey und andererseits die begrenzten Bestände an gereiftem Whiskey. Teeling betonte in dem Interview: „Was wir jetzt machen, wird erst in sieben Jahren verkauft. Also werden wir einen Mangel haben, wenn die Wachstumsrate in den nächsten sechs oder sieben Jahren kumuliert weitergeht."

Dass Teelings Aussage solche Wellen schlug, hing auch damit zusammen, dass die *Irish Whiskey Association (IWA)* kurz vorher ihre ehrgeizigen Exportziele für 2020 und 2030 veröffentlicht hatte (siehe gegenüberliegende Seite).

Ein Sprecher der *IWA* räumte zwar ein, dass die Abstimmung von Angebot und Nachfrage „eine Herausforderung sei" – fügte aber auch hinzu, dass die Industrie sich in den vergangenen Jahren darauf vorbereitet habe und dass man sicher sei, die neuen Destillerien würden in der nahen Zukunft mit ihren Produkten solch einer Knappheit vorbeugen.

Zwar versteht sich die *IWA* als Sprachrohr aller Whiskey-Produzenten in Irland, doch bei genauerer Betrachtung ergibt sich ein zweigeteiltes Bild auf der Insel: auf der einen Seite die großen Konzerne – auf der anderen die kleinen, neuen Hersteller.

Bei den *Irish Distillers* setzt man auf den Ausbau der Kapazitäten und auf eine Neu-Positionierung. Der Mutterkonzern *Pernod Ricard* investierte in den vergangenen Jahren rund 240 Millionen Euro, um die Produktionskapazität zu erhöhen. Und etwa 150 Millionen Euro sollen in den kommenden Jahren in den Ausbau der Destillerie in Midleton und weiterer Lager- und Abfüllkapazitäten fließen. Zudem konzentriere man sich nun auf „die Premiumisierung in den internationalen Märkten, statt auf die Jagd nach Volumen", betont Jean-Christophe Coutures, derzeitiger CEO der *Irish Distillers.*

Schwerer ist es indes für die kleinen Anbieter – vor allem, wenn sie nicht selber produzieren, sondern *Bonder* oder Abfüller sind. Alle neuen Hersteller verkaufen derzeit noch vorhandene, jeweils veredelte Lagerbestände der ehemaligen Platzhirsche *Cooley, Bushmills* oder *Midleton* unter ihrem Namen – einfach weil sie darauf warten, dass ihre eigenen Abfüllungen reifen, sie aber während der vorgeschriebenen drei Jahre auch Geld verdienen müssen.

Louise McGuane, Gründerin von *Chapel Gate*, beschreibt ihre Eindrücke so: „Ja, es gibt nur sehr begrenzte Bestände an gereiftem Whiskey für nicht multinationale Unternehmen. Alle unabhängigen Marken leiden, wenn es um den Zukauf externer Bestände geht. Es hat sicher auch einige Unternehmen ganz davon abgehalten, auf den Markt zu kommen." Der Markt für gereifte irische Whiskeys sei derzeit völlig verrückt, beschreibt McGuane weiter, manches erinnere sie gar an den

Das historische Eingangstor von Slane Castle (Seite 98)

holländischen Tulpenwahn von 1637[3]. Doch es habe auch eine disziplinierende Wirkung: „Wir können uns den Luxus, fehlerhafte Blends zu machen, gar nicht leisten, denn dafür werden wir nicht genug gereiften Whiskey haben."

Und vermutlich werden einige der neuen Produzenten auf Nummer sicher gehen und verstärkt *White Spirits* wie Gin, Vodka oder Poitín anbieten, die keinen strengen Reifungsregeln folgen müssen.

Doch wie wird sich die Lage in zwei bis drei Jahren darstellen, wenn die ersten eigenen Abfüllungen der neuen Destillerien das Mindestalter erreicht haben? McGuane vermutet folgendes: „Es wird eine Menge von drei Jahre altem Whiskey auf den Markt kommen. Aber er wird eben nur drei Jahre alt sein. Ich denke, die Mehrheit der neuen Produzenten wird eher weiter ihr White-Spirit-Portfolio verkaufen und noch abwarten, anstatt ihre dreijährigen Whiskeys sofort in den Handel zu bringen. Und die größeren Unternehmen werden beginnen, ihre reifen Bestände sorgfältig zu sichten und zu verwalten – und alte Tropfen für spezielle Abfüllungen auszugraben."

Das hieße dann also, dass wir künftig eine ganz neue Premiumkategorie von Irish Whiskeys sehen könnten: alt, hochpreisig und limitiert – ähnlich der bekannten Entwicklung bei schottischem Whisky. Mit einem kleinen Unterschied: Gereifter Irish Whiskey könnte noch seltener werden als alter Scotch.

---

3 *Finanzkrise in der niederländischen Geschichte, als Tulpenzwiebeln zu Spekulationsobjekten wurden, bis die inflationäre Blase platzte.*

VON BLAUBLÜTERN, ALTEN HASEN UND LOTTO-GEWINNERN: EIN ÜBERBLICK ÜBER DIE JÜNGSTEN DESTILLERIE-PROJEKTE

Die augenfälligste Folge der Whiskey-Renaissance in Irland sind die neuen Destillierien, die überall auf der grünen Insel aus dem Boden schießen. Laut der *Irish Whiskey Association* sind 18 Destillerien in Irland aktiv, 16 weitere in Bau oder Planung – nicht schlecht, bedenkt man, dass die Gesamtzahl vor einigen Jahren nicht mal eine Handvoll war.

Die folgende Liste der jüngsten Destillerien kann keinen Anspruch auf künftige Vollständigkeit erheben, denn seit Drucklegung mögen neue Projekte entstanden sein oder weitere Anbieter mit eigenen oder (für die Übergangszeit der Lagerung der eigenen Destillate) zugekauften Produkten den Markt betreten haben. Nicht alle der folgenden Destillerien bieten bereits eigene Abfüllungen an – falls doch, stelle ich Ihnen diejenigen vor, die den (künftigen) Stil des Hauses nach Meinung der jeweiligen *Whiskey Maker* am besten abbilden.

BALLYKEEFE DISTILLERY

Die Destillerie liegt in der Nähe von Kilkenny. Seit Jahren hegte Inhaber Morgan Ging den Traum, eine eigene Destillerie auf der familieneigenen Farm zu erbauen. Kein Wunder, liegt hier im Süden Irlands doch so etwas wie die Geburtsstätte des Irish Whiskeys: Aus der Gegend um Kilkenny stammt der erste schriftliche Bericht über das Destillieren in Irland im "Red Book of Ossory" aus dem Jahre 1324 (siehe Seite 15).

Die Familie Ging baut seit mehreren Generationen Getreide an und besitzt eine eigene Quelle auf der Farm. Das Hauptaugenmerk von Master Distiller Jamie Baggot liegt auf der hochwertigen Qualität getreu dem Motto „Von unseren Feldern ins Glas". Baggot war nicht nur von Anfang an dabei, er führt auch gerne selbst Besucher und Touristen durch die kleine Destillerie und verrät die Geheimnisse seiner Arbeit. Gebrannt wird auf drei kupfernen *Pot Stills*, aus denen momentan *Single Pot Still* und *Single Malt Whiskey* kommen. Geplant ist aber auch die Produktion von *Rye Whiskey.*

Bis der erste Ballykeefe-Whiskey fertig gereift ist, verkauft das Team Gin, Vodka und Poitín aus eigener Herstellung. Der Poitín wird aus dem *New Make* hergestellt und liefert damit bereits einen Vorgeschmack auf den künftigen Whiskey.

Ballykeefe Distillery
Kilballykeefe
Cuffsgrange
County Kilkenny
https://ballykeefedistillery.ie

BELFAST DISTILLERY

Eine der sympathischsten Neugründungen auf der Insel ist sicher die *Belfast Distillery Company (BDC)*. Der Grund: Das Unternehmen wurde 2005 vom ehemaligen Busfahrer Peter Lavery gegründet, der durch einen Lottogewinn mehrfacher Millionär geworden war und nun seine Heimatstadt nach 130 Jahren wieder auf die Karte der Whiskeynation Irland setzten wollte. Vor der Spaltung Irlands war Belfast eines der Zentren der Whiskey-Herstellung im Vereinigten Königreich: Im Jahre 1899 produzierten dort 18 Brennereien. Vor allem wegen der übermächtigen Konkurrenz aus Schottland schlossen jedoch in den 1930er Jahren auch die letzten Brennereien in Belfast.

Die Suche nach einem passenden Standort für das Projekt des Lotto-Millionärs dauerte einige Zeit, doch im Mai 2012 beschlossen Lavery und sein Partner Simon Ray, die neue Destillerie im einst berüchtigten, 1996 geschlossenen "Crumlin Road"-Gefängnis (Seite 85) im Norden Belfasts zu bauen. Seit 2015 laufen anscheinend die Bauarbeiten, der anfangs terminierte Produktionsbeginn 2016 konnte nicht gehalten werden. Bis die Destillerie, das geplante Besucherzentrum und die Restaurants eröffnen werden, macht sich die *Belfast Distillery* als Abfüller für die Labels *Titanic, Danny Boy* und *McConnell's Whiskey* einen Namen. Die Destillate dafür beziehen die Macher aus der *Cooley*-Brennerei.

So sympathisch der Start auch war, umso kryptischer ist, was seit der Ankündigung im Jahr 2012 bisher geschah. Außer dem Rauschen im Whisk(e)y-Blätterwald gab es seither nichts Substanzielles zur *Belfast Distillery*. Es gibt keinerlei aktuelle Informationen über den Stand der Bauarbeiten, geschweige denn über die Brennerei. Die seinerzeit gelaunchte Website führt ins Nirgendwo einer New Yorker Baugesellschaft, der letzte Facebook-Eintrag datiert aus dem Jahr 2013. Im Mai 2018 wurde im Rahmen des Freedom of Information Act (Recht auf informationelle Selbstbestimmung, das neben den USA auch in Großbritannien und somit auch in Nordirland gilt) eine offizielle Anfrage an die nordirische Regierungsbehörde für Infrastrukturentwicklung gestellt, was es denn nun mit dem Projekt auf sich habe ...

Blick auf Belfast bei Sonnenuntergang – noch ohne die Belfast Distillery.

BOANN DISTILLERY

Etwas weiter südlich, im County Meath, ist die Kunst der Whiskey-Produktion nach mehr als 40 Jahren wieder heimgekehrt. Im geschichtsträchtigen Boyne-Tal unweit des Städtchens Drogheda gab es früher sage und schreibe 18 Destillerien – die letzte schloss 1968. Doch seit 2016 wird hier wieder produziert: Dabei ist die *Boann Distillery* ein echter Familienbetrieb mit Whiskey in den Genen. Patrick und Marie Cooney arbeiten von Anfang an mit ihren Kindern Sally-Anne, Celestine, Peter, Patrick und James – und alle haben sich ihre Meriten in der irischen Getränke-Industrie erworben. Unterstützt werden sie dabei von John McDougall, der unter anderem in Schottland Head Distiller bei *Laphroaig*, *Balvenie*, *Springbank* und *Tormore* war. Bemerkenswert ist zudem, dass Áine O'Hora eine der wenigen Brennmeisterinnen ist.

Für die derzeitigen Abfüllungen, die unter dem Namen *The Whistler* angeboten werden, wird der Whiskey noch aus Cooley zugekauft. Zudem bietet das Unternehmen eigenes Stout-Bier an – auch dies ein Novum in Irland, denn nirgendwo sonst gibt es dort die Kombination von Brennerei und Brauerei. Später sollen eigene *Single Malts* und *Pot Still Whiskeys* die Destillerie im berühmten Boyne-Tal verlassen. Die Brennerei bietet derzeit Privatpersonen die Möglichkeit, eines der ersten 500 Fässer, die mit dem Boann-Pot-Still-Destillat gefüllt sind, zu kaufen und so am Reifeprozess der ersten Whiskeys teilzuhaben.

Vor allem für den Hill of Tara ist das County Meath derzeit bekannt – vielleicht auch schon bald für seinen Whiskey …

The Whistler "The Blue Note" Single Malt – 7 Jahre

STIL Single Malt

GERUCH Zitrusfrüchte, Karamell, leichte Salz-Note

GESCHMACK Zitrus-Aromen, leichte Schärfe

ALKOHOL 46 Vol.-Prozent

Boann Distillery
Platin Road
Drogheda
County Meath
http://boanndistillery.ie/

CLONAKILTY DISTILLERY

Gründer der *Clonakilty Distillery* im Süden Irlands sind Michael Scully und seine Familie, die in der Nähe des Städtchens Clonakilty eine Farm betreiben. Die Anlage der Destillerie soll direkt im gleichnamigen Ort gemeinsam mit einem Besucherzentrum, einem Verkostungsraum nebst Restaurant und Café entstehen. Im März 2019 soll die Eröffnung sein und bereits seit Sommer 2018 fließen die ersten Tropfen.

Auch für die künftigen Produkte gibt es konkrete Ideen: Die Destillerie plant, künftig dreifach gebrannte *Single Malts* und *Pot Still Whiskey* herzustellen – die Gerste soll vom eigenen Familienbetrieb und von benachbarten Bauern der Küstenregion geliefert werden. Was daraus entsteht, wird in einem *Warehouse* am nahe gelegenen wilden *Atlantic Ocean Way* reifen und mit Wasser aus dem eigenen Tiefbrunnen versetzt werden. Zudem wird ein eigener Gin mit *Botanicals* aus der Küstenregion Clonakilty angeboten.

Obwohl die *Clonakilty Distillery* noch nicht in Betrieb war, brachte Michael Scully eine Abfüllung auf den Markt. Ein sehr ausgewogener Blend von 8- bis 10-jährigen *Single Grain* und *Single Malt Whiskeys* anderer irischer Brennereien.

Clonakilty Port Cask Finish

STIL Blend aus Single Malt und Single Grain Whiskeys

GERUCH süß, reife Früchte, leichte Holz-Note

GESCHMACK fruchtige Pfirsich-Note, leichte Zitrus-Aromen, Anklänge von Gewürzen

ALKOHOL 43,6 Vol.-Prozent

Clonakilty Distillery
The Waterfront
Clonakilty
West Cork
www.clonakiltydistillery.ie

THE DUBLIN LIBERTIES DISTILLERY

Die *Dublin Whiskey Company* wurde vom ehemaligen *Diageo*-Mitarbeiter Lorcan Rossi gegründet. Er erwarb bereits 2012 ein Grundstück im Dubliner Stadtteil Liberties, dem alten Arbeiterviertel der Hauptstadt, um dort die neue Brennerei gleichen Namens zu errichten. Im März 2016 kaufte sich dann die US-amerikanische Getränkegruppe *Quintessentials Brands* in das Projekt ein und übernahm die *Dublin Whiskey Company* für, wie gemunkelt wird, zehn Millionen Dollar. Als Manager und Master Distiller konnte Darry McNally gewonnen werden, der 17 Jahre lang bei *Bushmills* in Nordirland gearbeitet hat. Mit der Produktion wurde 2017 begonnen, im ersten Quartal 2019 wird die Destillerie eröffnet. Die Basis der bisherigen Produkte *The Dubliner* und *The Dublin Liberties* wird von *Cooley* bezogen.

The Dublin Liberties – "Copper Alley" Single Malt – 10 Jahre

STIL **Single Malt**

GERUCH **fruchtig, malzig mit süßen Sherry-Noten**

GESCHMACK **Sherry-Aromen, malzig-aromatisch**

ALKOHOL **46 Vol.-%**

Dublin Liberties Distillery
33 Mill Street
Merchants Quay
Dublin
https://thedld.com/

GREAT NORTHERN DISTILLERY

Die *Great Northern Brewery* in Dundalk war lange Zeit die zweitgrößte Brauerei in Irland und befand sich am Ende im Besitz von *Diageo*. In Zusammenarbeit mit dem deutschen Braumeister Dr. Hermann Münder wurde hier 1960 das Bier "Harp"-Lager entwickelt. 2013 wurde die Brauerei geschlossen. John Teeling, James Finn und David Hynes, Gründer der *Cooley Distillery* und Direktoren der *Irish Whiskey Company*, erwarben das Gelände und wandelten die Überreste der alten Brauerei in eine Brennerei mit dem Namen *Great Northern Distillery* (GND) um. Ein cleverer Schachzug, da sich John Teeling damit ein Standbein im lukrativen B2B-Bereich sicherte, während sich seine Söhne mit der *Teeling* Destillerie einen Namen bei den Endverbrauchern machen. Ob B2B oder Konsumenten – die Teelings werden ihren Anteil am Boom des Irish Whiskeys haben. Die jährliche Produktionskapazität der GND beträgt derzeit 3,6 Millionen Liter *Pot Still Whiskey* und acht Millionen Liter *Grain Whiskey*. Der Whiskey wird überwiegend an andere Abfüller und die weiterverarbeitende Industrie verkauft.

2017 brachte das Team der *GND* dann auch ihr erstes eigenes Produkt unter der alten Marke *Burke's Irish Whiskey* auf den Markt. Der 14 Jahre alte *Single Malt* wurde in Fass-Stärke auf 234 Flaschen gezogen. Beflügelt vom Erfolg der ersten limitierten Abfüllung brachte daraufhin die *Great Northern Distillery* im August 2017 die Abfüllung eines 15 Jahre alten *Single Malts* aus ausgewählten Fässern mit jeweils 216–228 Flaschen pro Fass auf den Markt.

Dabei soll es nicht bleiben, kündigten die Macher an. Wir dürfen also gespannt sein auf wiederbelebte alte Marken, ambitionierte neue Destillate und limitierte Abfüllungen.

Burke's "Single Barrel" Single Malt – 15 Jahre

STIL Single Malt, Fass-Nummer 7865

GERUCH weich, cremig, nussig, Karamell, aber auch fruchtig mit Apfel- und Zitrus-Noten

GESCHMACK reife Frucht, Karamell, Vanille, Zitrus-Aromen, Holz, Zimt

ALKOHOL 57,3 Vol.-%

Great Northern Distillery
Carrickmacross Road
Demesne, Dundalk, County Louth
www.gndireland.com

SLANE CASTLE DISTILLERY

Es geht auch blaublütig zu im irischen Whiskey-Business: Slane Castle, Heimat der Familie Conyngham, gelegen im historischen Boyne-Tal, mag einigen vielleicht durch seine Open-Air-Rock-Konzerte ein Begriff sein. Doch hier wird auch Whiskey gemacht. Als nach der Übernahme von *Cooley* durch *Beam* die meisten Lieferverträge mit anderen Brennereien, so auch *Slane Castle*, gekündigt wurden, gefiel dies dem Hausherrn Lord Henry Mount Charles, dem achten Marquess of Conyngham, gar nicht und er rief bei der Vertragskündigung angeblich spontan aus: „Dann bauen wir halt unsere eigene Brennerei." Mitte 2012 begannen die Planungen. Im Meath County Council wurde im Februar 2013 die Baugenehmigung für das auf 10 Millionen Pfund geschätzte Projekt beantragt.

Zwei Jahre später überrasche der Lord damit, dass er die Marke *Slane Castle Whiskey* und das Unternehmen an den US-amerikanischen Brown-Forman-Konzern verkauft hatte. Die neuen Eigentümer begannen umgehend für fast 50 Millionen US-Dollar eine Brennerei auf dem historischen Gelände von Slane Castle zu errichten und starteten die Produktion im Januar 2016. Alexander Conyngham, der sich kurz Alex nennt und jetziger Earl of Mount Charles, ist auch für die neuen Besitzer nach wie vor Aushängeschild und Markenbotschafter von *Slane Castle Whiskey*. Seit Sommer 2017 ist die Destillerie für Besucher geöffnet.

Bis der erste eigene Whiskey 2019 verkauft werden kann, füllt man auf Slane Castle unter der Marke *Slane Castle Whiskey* Destillate anderer Produzenten ab – der *Blend* gibt aber, so Alex Conyngham, schon das Profil für die kommenden Whiskeys vor: die Kombination aus mildem Charakter mit starken Aromen.

Slane Castle Triple Casked Irish Whiskey

STIL **Blend aus Single Malt und Grain Whiskey**

GERUCH **weich, Sherry-Noten, leichte Bananen- und Vanille-Aromen**

GESCHMACK **mild, Vanille- und Sherry-Noten, Karamell**

ALKOHOL **40 Vol.-%**

Slane Castle
Slane · County Meath
www.slaneirishwhiskey.com

ST. PATRICK'S DISTILLERY

Die *St. Patrick's Distillery* ist eine kleine Destillerie im Süden Irlands, etwa fünf Kilometer südlich von Cork. Hier erledigen Gründer Tom Keightly und sein kleines Team fast alles noch von Hand: vom Befüllen der Brennblasen bis zum Abfüllen und dem Etikettieren der Flaschen. Das Ergebnis sind seit 2014 Spirituosen mit Charakter.

Tom Keightly produzierte bereits preisgekrönten Gin und Wodka auf Kartoffelbasis – und bringt seit 2015 einen in Cork produzierten *St. Patrick's Whiskey* heraus. Jede einzelne Abfüllung wird dabei in kleinen Chargen produziert. Die Whiskeys werden meist als limitierte Abfüllungen auf den Markt gebracht.

St. Patrick's Irish Whiskey

STIL **Blend aus Grain und Single Malt Whiskey**

GERUCH **Vanille, Grapefruit, Holznoten**

GESCHMACK **gute Balance zwischen den Malz- und Frucht-Aromen und den Noten von geröstetem Holz**

ALKOHOL **40 Vol.-%**

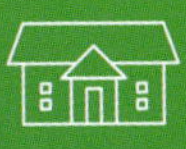

St. Patrick's Distillery
St. Patrick's Mills
Douglas
County Cork
stpatricksdistillery.ie

THE SHED DISTILLERY

Die *Shed Distillery* in Drumshanbo wurde im Dezember 2014 vom Unternehmer Pat J. Rigney gegründet, der zuvor für internationale Marken wie *Bailey's*, *Gilbey's* oder *Grant's* gearbeitet hatte. Es war die erste Brennerei im ländlichen Connacht seit mehr als 100 Jahren. Wie die meisten irischen neuen Destillerien produziert man bei *The Shed* derzeit Gins, darunter auch den innovativen *Drumshanbo Gunpowder*

Irish Gin, der mit asiatischen Kräutern und Gunpowder-Tee aromatisiert wird, sowie einen Kartoffel-Wodka. Inzwischen wartet das Team darauf, dass der eigene Whiskey reift.

Im Frühjahr 2017 wurde der Bau eines Besucher-Zentrums genehmigt, weshalb die Destillerie derzeit noch für Gäste geschlossen ist. Laut Website sind Besucher im Laufe des Jahres 2019 wieder willkommen.

http://thesheddistillery.com

TIPPERARY BOUTIQUE DISTILLERY

Im Süden Irlands im County Tipperary entsteht seit 2016 eine neue Destillerie: die *Tipperary Boutique Distillery* von Jennifer Nickerson, ihrem Vater Stuart Nickerson und Liam Ahearn. Das kongeniale Trio verbindet alle wichtigen Fähigkeiten: Stuart Nickerson hat sich in den vergangenen 25 Jahren als Berater für viele der großen Destillerien in Schottland einen Namen gemacht. Jennifer ist die Geschäftsfrau und Liam pflanzt beste Gerste auf den Feldern seiner Farm in Ballindoney an, auf der die Destillerie gebaut wird. Im Herbst 2019 soll die Produktion des eigenen Whiskeys anlaufen – die derzeit angebotenen Abfüllungen kommen von anderen Produzenten.

Wer im Schilderwald Irlands Orientierung sucht, benötigt Humor.

Tipperary "Knockmealdowns" Single Malt – 10 Jahre

STIL Single Malt

GERUCH sanfte Gewürz-Noten von Ingwer, Vanille und Zimt, deutliche Holz-Aromen

GESCHMACK weich, Zitrus-Aromen, Pfeffer-Noten, Ingwer

ALKOHOL 47 Vol.-%

Tipperary Boutique Distillery
Newtownadam
Cahir
County Tipperary
www.tipperarydistillery.ie

PEARSE LYONS DISTILLERY

Bereits 2012 hatte der amerikanische Milliardär irischer Abstammung, Dr. Pearse Lyons (1944–2018), mit seiner Firma *Alltech*'s in Bagenalstown, im County Carlow, eine Brennerei eingerichtet. Geplant war die Produktion von *Single Malt Whiskey*. 2013 erwarben der durch die Tierfutterherstellung vermögend gewordene Lyons und seine Ehefrau Deirdre dann in Dublin eine ehemalige anglikanische Kirche aus dem 19. Jahrhundert in der St. James Street. Ihr Plan war einzigartig: Das ehemalige Gotteshaus sollte in eine Brennerei umgewandelt werden. Doch der Denkmalschutz verhinderte anfänglich die Umsetzung. Die Kirchentüren waren zu schmal für Lieferung und Platzierung der Brennerei-Ausstattung und der Brennblasen – Veränderungen aber durften nicht vorgenommen werden. Erst als das Dach repariert werden musste, bot sich die Möglichkeit, die Brennblasen von oben in das Gebäude einzulassen. Die Produktion wurde im Juni 2017 gestartet.

Zusammen mit der *Teeling Whiskey Company* und der *Dublin Liberties Distillery* war die *Pearse Lyons Distillery* die dritte, neu eröffnete Brennerei im historischen Stadtteil Liberties von Dublin. Ach ja, einen Bezug zur Familiengeschichte gibt es darüber hinaus auch: Der Großvater von Pearse Lyons, John Hubert Lyons, war eine der letzten Personen, die 1948 auf dem Friedhof der St. James Kirche beerdigt wurden …

weiter auf Seite 104

Anlage zur Whiskey-Abfüllung

Kilns (Böden zum Trocknen der Gerste) und ehemalige Mälzerei der *Old Bushmills Destillerie* (Seite 44)

Das alte Verwaltungsgebäude der *Great Northern Distillery* (Seite 97)

Einer der Newcomer: die *Blackwater Destillerie* in Ballyduff (Seite 105)

Die bis dato erhältlichen Abfüllungen unter dem Markennamen *Pearse* stammen aus der Brennerei in Carlow.

Pearse "Distiller's Choice" Irish Whiskey

STIL Blend aus Malt und Grain Whiskey

GERUCH frisch, Zitrus-Aroma, Gewürze, getrocknete Früchte

GESCHMACK weich, leichtes Eichen-Aroma, Karamell, Birnen

ALKOHOL 42 Vol.-Prozent

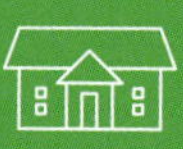

Pearse Lyons Distillery
121–122 James's Street
Dublin
www.pearselyonsdistillery.com

Eine der 24 Dubliner Brücken über die Liffey

ÜBERSICHT ÜBER GEPLANTE UND VERÖFFENTLICHTE NEUE PROJEKTE

Zu den jungen Destillerien, die im vergangen Kapitel vorgestellt wurden, reiht sich eine Liste mit angekündigten, geplanten oder bereits im Bau befindlichen Destillerie-Projekten. Die hier kurz aufgeführten werden sich sicher in den kommenden Monaten verändern: Viele der Projekte werden offiziell ihre Tore öffnen und später eigene Produkte anbieten, andere neue werden hinzukommen, wieder andere werden es vielleicht nie zur eigenen Destillerie bringen – deswegen kann dies nur eine Momentaufnahme sein, aber eine interessante allemal.

BLACKWATER DISTILLERY

Im Süden Irlands findet sich im County Waterford die *Blackwater Distillery*. Eine Brennerei, in der seit 2015 von der Produktion bis zum Abfüllen alles „Handarbeit" ist. Im Herzstück der Destillerie, der "Sally" genannten Brennblase, werden vor allem Gin und Poitín gebrannt. Peter Mulryan, der Eigentümer, steht selbst an der Brennblase und kontrolliert jeden Durchlauf. Mulryan hat früher bei den *Irish Distillers* gearbeitet und kennt das irische Spirituosengeschäft in- und auswendig.

Die *Blackwater Distillery* wächst: In der Nähe der alten Destillerie in Ballyduff entsteht eine neue, größere Destillerie – zusammen mit einem Besucherzentrum. Um den Baubeginn der Destillerie zu feiern, brachte Peter Mulryan im Januar 2018 den 17-jährigen *Retronaut Single Malt Whisky,* der vermutlich von *Cooley* stammt, auf den Markt. Kein Schreibfehler: Er hat einen irischen „Whisky" herausgebracht, denn Peter macht Dinge gerne etwas anders. Die Marke *Retronaut* soll künftig für die Whisk(e)ys der *Blackwater Distillery* stehen, die erste Abfüllung ist auf 1.160 Flaschen limitiert.

Retronaut Single Malt Whisky

STIL Single Malt

GERUCH fruchtig, Vanille, Mango, leichte Holz-Noten

GESCHMACK lange Frucht-Note, Süße

ALKOHOL 46 Vol.-%

http://blackwaterdistillery.ie

BURREN DISTILLERS

Die *Burren Distillers Ltd.* wurde bereits im Mai 2013 gegründet und anschließend Investoren für das Projekt gesucht, fast noch bevor der Boom so richtig losging. Pate des Firmennamens sind die bizarren Kalksteinfels-Formationen im Nordwesten Irlands. Ein Blick ins Handelsregister zeigt den Firmensitz in Clifden, im westlichen County Galway. Die Eröffnung war ursprünglich in 2016 geplant, doch bis dato ist es still geblieben, aktuelle Informationen über das Bauprojekt sind nicht zu finden.

www.burrendistillers.com

CAPE CLEAR DISTILLERY

Genau 125 Einwohner leben auf der irischen Insel Cape Clear – sie alle hoffen, dass die Brennerei gebaut wird. 2017 wurde die Baugenehmigung erteilt und ein ehemaliges Cottage inzwischen renoviert. Bis jetzt wird das Haus nur als Ausstellungsraum für die Brennerei-Pläne genutzt, die auf sieben Millionen Euro budgetiert sind. Projektmanager Seamus Ó Drisceoi sucht derzeit noch Investoren.

Cape Clear Distillery
Cape Clear Island
Skibbereen
County Cork
www.capecleardistillery.com

KILLANEY DISTILLERY

Zu Beginn des Jahres 2018 gab es Neuigkeiten aus Nordirland: Dem Brexit zum Trotz soll in der Nähe des Örtchens Carryduff südlich von Belfast die *Killaney Distillery* gebaut werden. Rund sechs Millionen Pfund will der Belfaster Geschäftsmann Terence Martin Cross in seine *Killaney Estates Ltd.* investieren. Cross besitzt bereits ein sehr erfolgreiches Weingut, das Château de la Ligne im Bordelais.

Auf dem Gelände des 1895 erbauten Landguts namens Killaney Lodge sollen die Brennerei, ein Besucherzentrum, Lagerhäuser und eine Abfüllanlage entstehen. Wann Bau- und Produktionsbeginn ist, war bei Drucklegung des Buches noch unbekannt.

LOUGH GILL DISTILLERY

Die Baugenehmigung wurde 2014 erteilt, mit der das historische Hazelwood House nahe Sligo, eine alte palladianische Villa, in eine Brennerei umgewandelt werden konnte. Der angepeilte Eröffnungstermin 2017 wurde nicht eingehalten, ein neuer Termin steht noch nicht.

www.loughgilldistillery.com

LOUGH MASK DISTILLERY

Die Mikro-Brennerei befindet sich am Ufer des "Loch Mask" oder gälisch: *Lough Measca.* Der See mit seinen 89 km² Fläche ist vor allem bei Forellen-Anglern beliebt und liegt in einem Kalksteingebiet im Westen der Republik Irland. Wer hinter der kleinen Brennerei steht, die eigenen Aussagen zufolge seit Anfang 2018 produziert, verrät das Handelsregister Irlands nicht ohne weiteres. Laut Website wurde ein altes Haus im Örtchen Killateeaun nahe dem See renoviert und beherbergt nun die kleine Destillerie.

Das besondere an den *Pot Stills* der *Lough Mask Distillery:* Sie wurden von Hand bei traditionellen Kupferschmieden nach Formen der mittelalterlichen *Alambic Stills* hergestellt. Aus diesen kleineren Brennblasen kommen derzeit der *Loch Measc Single Malt Whiskey,* der *Loch Measc Gin* und der *Loch Measc Vodka.*

Der *Single Malt,* der noch bis 2021 reifen muss, wird aus Malzgerste und dem Wasser des *Loch Mask* hergestellt, zweifach gebrannt und in amerikanischen und europäischen Eichenfässern gelagert. Der Whiskey soll später ein vollmundiges, würziges und komplexes Geschmacksprofil zeigen. Zukünftig möchte die Mikro-Destillerie getorfte und ungetorfte Whiskeys herstellen.

Wer sich einen Eindruck vor Ort mach will, ist für Besichtigungen gerne willkommen. Die Destillerie-Touren werden von Januar bis Dezember täglich jeweils stündlich von 11 Uhr bis 14 Uhr angeboten.

Lough Mask Distillery
Drioglann Loch Measc Teo
Killateeaun, Tourmakeady
County Mayo
www.loughmaskdistillery.com

LOUGH REE DISTILLERY

Die Idee, eine Destillerie zu gründen, war lange Zeit Thema der Tischgespräche bei Familie Clancy aus Lanesborough am Loch Ree im Herzen Irlands. Die Brennerei sollte Whiskeytradition und moderne Technologie, das sanfte Tempo des ländlichen Irlands mit dem Geist einer neuen Generation verbinden. Was lag also näher, als die neue Destillerie an der historischen, mehr als 1.000 Jahre alten Brücke zu bauen, die Lanesborough über den Shannon mit dem Rest der Region verbindet?! Und siehe da, Gründer Peter Clancy fand sogar heraus, dass ein Urgroßonkel der Familie um 1901 dort wohnte. „Ein besseres Zeichen konnte es nicht geben!" beschreibt Clancy. Das schöne georgianische Gebäude, nur 50 Meter von der Brücke entfernt und mit

Blick auf den Lough Ree, bietet seitdem Platz für eine moderne Brennanlage, ein Fasslager und ein Besucherzentrum.

Künftig will das Team um Peter Clancy seine Heimatstadt für die *Single Cask Whiskeys*, *Single Pot Still* und *Single Malt Whiskeys* aus der *Lough Ree Distillery* bekannt machen. Das Angebot an Whiskey soll zudem um eigenen Gin, Vodka, Poitín und Liköre erweitert werden.

Lough Ree Distillery
Main Street
Lanesborough
County Longford
www.lrd.ie

MATTHEW D'ARCY & CO. DISTILLERY

Im Juli 2018 gab es auch aus Nordirland Neues zu berichten: Nach 200 Jahren kehrte die Kunst der Whiskey-Destillation wieder nach Newry im Osten der Insel, kurz hinter der Grenze zurück.

Der lokale Geschäftsmann Michael McKeown hatte im September 2017 erstmals Pläne für eine neue Destillerie eingereicht und bekam im Juli 2018 von den zuständigen Behörden grünes Licht für den Bau der mit mehr als 8 Mio. Euro angesetzten Brennerei. Ein Name stand bereits 2017 fest, denn McKeown hatte die alte Brennerei in der Monaghan Street in Newry, seit 1817 Heimat von *D'Arcy's Old Irish Whiskey*, erworben.

Die neue Brennerei soll als *Matthew D'Arcy & Company* wiederbelebt werden. Zudem sind auf dem 14.000 Quadratmeter großen Gelände eine „viktorianische" Bar, ein Restaurant und ein Besucherzentrum auf mehreren Etagen geplant.

Ziel der Destillerie ist es, so Andrew Cowan, Geschäftsführer von *Matt D'Arcy & Company*, jährlich 9.000 Kisten *Single Malt Whiskey* für den Premium-Markt zu produzieren. Ein *Irish Whiskey Blend* soll zudem Anfang 2019 nach Fertigstellung der Destillerie auf den Markt kommen.

Matthew D'Arcy & Company Ltd.
27 St Mary's Street
Newry
County Down
Nordirland
www.mattdarcys.com

NEPHIN WHISKEY COMPANY

Die *Nephin Whiskey Company* in Connaught, im Westen Irlands, wurde bereits 2014 von Edna Kenny gegründet. Zur Finanzierung der Anlage, die in Kooperation mit regionalen Farmern produzieren soll, sammelt das Team derzeit via Crowdfunding Geld von Privatanlegern ein. Die Destillerie soll später vor allem getorfte Single Malts brennen. Wann der Bau starten und der erste Whiskey gebrannt werden kann, steht derzeit nicht fest.

http://nephinwhiskey.com

OLD CARRICK MILL DISTILLERY

Steven Murphy gründete 2014 die *Old Carrick Mill Distillery* in Derrylavan, einem kleinen Örtchen nördlich von Dublin, und produziert seither Gin. In Zukunft soll auch Whiskey aus den Brennblasen fließen – wann, ist aber noch nicht bekannt.

www.oldcarrickmill.ie

POWERSCOURT DISTILLERY

Die *Powerscourt Distillery* im County Wicklow, südlich von Dublin, erhielt bereits 2016 die Baugenehmigung für eine Destillerie. Diese wurde in einer alten Mühle auf dem Gelände des Powerscourt-Anwesens, das der Familie Slazenger gehört, errichtet. Die ersten Whiskeys, die unter Master Distiller Noel Sweeney, Gründungsmitglied der *IWA* und früher für *Cooley* tätig, entstanden sind, sollen mit dem Namen *Fercullen* und drei verschiedenen Altersangaben in Kürze kommen.

Powerscourt Distillery
Powerscourt Demesne
Enniskerry
County Wicklow
http://powerscourtdistillery.com/

ROE & CO.

Der Boom des Irish Whiskeys geht auch an den Großen nicht vorbei. Anfang 2017 schloss der Getränke-Multi und Guinness-Eigner *Diageo* die Lücke in seinem Whiskey-Sortiment, die seit dem *Bushmills*-Verkauf klaffte, und brachte mit dem *Roe & Co.* einen *Irish Whiskey Blend* auf den Markt. Er ist nach George Roe benannt, einem alten Dubliner Whiskey-Produzenten, der unweit des St. James's Gate in der Thomas Street brannte. Für kurze Zeit war die Destillerie sogar die größte Irlands. Zeitgleich kündigte *Diageo* an, rund 25 Millionen in den Aufbau einer eigenen, neuen Destillerie am alten Standort, dem St. James's Gate in Dublin, zu investieren. Produktionsbeginn soll 2019 sein.

Roe & Co.

STIL **Blend aus Malt- und Grain Whiskey**

GERUCH **Vanille, Karamell, leichte Fruchtnoten**

GESCHMACK **leichte Schärfe, Vanille, sahnig**

ALKOHOL **45 Vol.-%**

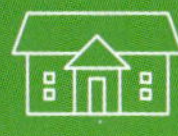

www.roeandcowhiskey.com

SLIABH LIAG DISTILLERY

Die *Sliabh Liag Distillery* möchte das Destillerie-Erbe von Donegal, ganz im Nordwesten Irlands, antreten und baut in Carrick die erste Destillerie seit 175 Jahren in der Gegend. Donegal war einst als Grafschaft mit den meisten illegalen Brennereien bekannt und gilt als Heimat des Poitín. Auf einem 20 Hektar großen Areal, das als "The Bull Field" bekannt ist, begannen 2017 die Bauarbeiten. Die Destillerie soll später einmal rund 400.000 Liter reinen Alkohol pro Jahr als Gin, dreifach destillierten *Single Malt*, *Pot Still Whiskey* und natürlich *Poitín* herstellen.

Unter dem Namen *The Silkie* wird bereits ein Whiskey angeboten, der aus einer nicht genannten Brennerei stammt.

The Silkie Blended Irish Whiskey

STIL Blend

GERUCH frisch, grüne Äpfel, leichte Honig-Note

GESCHMACK Honig, cremig, leicht säuerlich nach Zitrusfrüchten

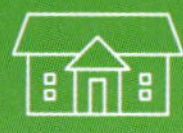
ALKOHOL 40 Vol.-%

www.sliabhliagdistillery.com

Gerstenfeld in der Nähe des Kilcrea Castle

WATERFORD DISTILLERY

Mark Reynier ist ein klangvoller Name in der Whisk(e)y-Welt. Reynier, der im Jahr 2000 *Bruichladdich* auf Islay kaufte und zu einer der innovativsten und unternehmungslustigsten Destillerien Schottlands machte, wird mit der *Waterford Distillery* auch auf der grünen Insel seinen Fußabdruck hinterlassen.

Die Suche nach den besten Rohstoffen für Whiskey brachte ihn an die Südostküste Irlands, wo seiner Überzeugung nach die beste Gerste der Welt angebaut wird. Er und seine Finanziers der *Renegade Spirits* kauften eine alte Guinness-Brauerei von *Diageo* und wandelten sie in eine Destillerie um. Sein erklärtes Ziel seit dem ersten Destillationslauf im Januar 2016 ist es, die *Waterford Distillery* an die Spitze der Whiskey-Innovation in Irland zu setzen.

Es ist ein Anspruch, der zur Geschichte Reyniers passt. Als ehemaliger Weinhändler interessierte er sich schon während seiner Zeit bei *Bruichladdich* besonders dafür, woher die Rohstoffe – allen voran die Gerste – eigentlich stammten und wie sie den Geschmack von Whisk(e)y beeinflussen. Er begann, auf möglichst regionalen Rohstoffen aus biologischem Anbau zu bestehen, und übertrug so den Terroir-Gedanken aus der Wein- in die Whisk(e)ywelt.

Bis der erste *Waterford*-Whiskey in den Handel kommt, wird es noch sicher bis 2019 dauern, aber Besucher sind bereits jetzt schon willkommen, jedoch nur "by appointment".

https://waterforddistillery.ie

A JUG
OF THIS

WHISKEY-ABFÜLLER OHNE EIGENE DESTILLERIE

Es muss nicht immer gleich eine eigene Destillerie sein. Ähnlich wie bei den schottischen Cousins haben unabhängige Abfüller auch in Irland eine lange Tradition. Früher war es üblich, dass die Brennereien gar nicht selber abfüllten, sondern ihre Fässer gleich den so genannten *Bondern* (siehe Seite 84 ff) übergaben. Heute gibt es beides in Irland: unabhängige Abfüller und auch *Bonder*.

Der Unterschied zwischen *Bondern* und unabhängigen Abfüllern liegt im Umfang der Kontrolle über das Destillat, die Fässer und den Alterungsprozess. Bonder sind viel stärker als Abfüller in den gesamten Herstellungs- und Reifeprozess eingebunden – von der Qualität der ersten Ergebnisse aus der Brennanlage (meist auch aus verschiedenen Brennereien), dem Bezug der Fässer direkt aus dem Ursprungsland und nicht über Makler bis hin zur Luftfeuchtigkeitsregelung im eigenen Lager und der Abfüllung vor Ort. Abfüller verfügen nicht zwingend über ein eigenes Fasslager – manche kaufen den Whiskey "just in time" nur dann, wenn sie ihn brauchen.

Leben beide Traditionen – losgelöst von reinen Marketing-Überlegungen – in Irland wieder auf, dann werden die Abfüllungen der „Unabhängigen" wie auch der *Bonder* in den kommenden Jahren besonders interessant sein.

BARR AN UISCE

„Barr an Uisce" bedeutet „über dem Wasser" und ist zudem der irische Name eines Landstrichs im Herzen des County Wicklow an der Ostküste Irlands, südlich von Dublin. Der Gründer von *Barr an Uisce* Irish Whiskey, Ian Jones, kommt aus dem kleinen Dorf Redcross und feiert die Tradition des Pubs als Zentrum der Gemeinschaft. Dazu gehört immer auch ein Gläschen Whiskey, weshalb Jones begann, eine eigene Marke aufzulegen und unter *Barr an Uisce* seine Vorstellungen von feinem Whiskey zu entwickeln und abzufüllen.

Barr an Uisce "Wicklow Rare"

STIL Blend aus Grain und Single Malt Whiskey

GESCHMACK kandierte Früchte, Vanille, Sherry-Aromen

GERUCH Vanille, fruchtig mit Apfel- und Birnen-Noten, leichte Zitrus-Aromen

ALKOHOL 43 Vol.-%

http://barranuisce.com

CASTLE BRANDS

Castle Brands ist ein Beispiel für die Verbindung irischer Geschichte mit amerikanischem Geschäftssinn. *Castle Brands* sieht sich nach eigenen Angaben als Entwickler und international agierender Vermarkter von Premium- und Super-Premium-Getränkemarken rund um Rum, Whiskey, Bourbon, Likör, Wodka und Tequila. Das Unternehmen wurde 1998 von Mark Andrews unter dem Namen *Great Spirits LLC* gegründet und später in *Castle Brands* umbenannt. Heute ist das Unternehmen an der New Yorker Börse notiert und ein internationaler Player.

Doch die Wurzeln des Unternehmens liegen in Irland: Als das texanische Ehepaar Andrews im Jahr 1966 die verfallene Schlossruine von Knappogue Castle nahe Limerick entdeckte, entschloss es sich spontan zum Kauf. Während sich Mrs. Andrews als ausgebildete Architektin ganz dem Wiederaufbau des Schlosses nach historischem Vorbild widmete, begann ihr Mann Mark, Fässer mit irischem Whiskey, vor allem aus Tullamore, zu kaufen. Die Fässer wurden im Keller der Schlossanlage gelagert, bis sie nach Meinung des Schlossherren ihren bestmöglichen Reifezeitpunkt erreicht hatten. Dann wurden sie in Flaschen abgefüllt und nach dem inzwischen wieder in vollem Glanz erblühten Herrschaftssitz, dem Knappogue Castle, benannt.

Die Flaschen wurden anfangs nur an die Familie und an Freunde verteilt und gelangten erst später in den Handel – dennoch ist die Marke *Knappogue Castle* recht bekannt. Der Inhalt des letzten dieser Originalfässer, ein Jahrgang 1951, wurde 1987 im Alter von 36 Jahren auf Flaschen gezogen und ist bei Kennern und Sammlern gefragt, weil die Abfüllung als einer der ältesten und seltensten kommerziell erhältlichen irischen Whiskeys auf dem Markt gehandelt wird (siehe Seite 78).

Heute führt der Sohn Mark Andrews III. das Erbe seines Vaters bei *Castle Brands* weiter und hat *Knappogue Castle Irish Whiskey* zu einer globalen Marke aufgebaut. Die Produktpalette umfasst mittlerweile einen dreifach destillierten *Single Malt*, jeweils zwölf, 14 und 16 Jahre alt. Dazu kommen verschiedene limitierte Abfüllungen. *Knappogue Castle* bezieht seine Whiskeys heute von *Bushmills*.

Die zweite Whiskey-Marke von *Castle Brands* ist *Clontarf*. Der *Clontarf 1014* ist ein *Blended Irish Whiskey*, der im County Cork hergestellt wird. Er wird dreifach destilliert und in Bourbonfässern gereift. Der Whiskey ist nach der Schlacht von Clontarf benannt, die im Jahre 1014 in der Nähe von Dublin stattfand. Der irische König Brian Boru führte seine Männer hier am Karfreitag in einem langen, harten Kampf zum Sieg gegen die eingefallenen Wikinger. Der König fiel im Kampf, aber danach ließen die Wikinger Irland größtenteils in Ruhe.

Clontarf 1014 produziert auch einen hervorragenden *Single Malt* und bietet zudem eine *Reserve*-Abfüllung, die eine Mischung aus *Single Malt* und *Grain Whiskey* ist.

Clontarf Single Malt

STIL **Single Malt**

GESCHMACK **frisch, fruchtig, Anklänge von Malz und Vanille**

GERUCH **fruchtig, Zitronen- und Birnen-Aroma, leichte Malz-Noten**

ALKOHOL **40 Vol.-%**

http://clontarf1014.com/

Knappogue Castle "Twin Wood" Single Malt – 16 Jahre

STIL Single Malt, der zuerst in Bourbon- und dann in Sherry-Fässern reifte

GERUCH intensive malzige Süße, gepaart mit leichteren Frucht- und Gewürz-Aromen

GESCHMACK weich und samtig auf der Zunge mit Sherry- und Gewürz-Noten, nussiger Unterbau

ALKOHOL 40 Vol.-%

www.knappoguewhiskey.com

CHAPEL GATE IRISH WHISKEY

Die *Chapel Gate Irish Whiskey Company* ist (bisher) Irlands einziger *Whiskey Bonder*. 2015 beschloss Louise McGuane nach langen Jahren bei großen Getränke-Multis, die alte Kunst des Bondings in Irland wieder zu beleben (siehe auch Seite 84 ff). Sie reift derzeit ausgesuchte Whiskeys in handverlesenen Fässern im *Rackhouse*, einem umgebauten Lagerhaus auf der McGuane-Familien-Farm in Cooraclare, im Westen Irlands.

Die erste Abfüllung kam 2017 unter der Marke *J. J. Corry* auf den Markt. Der *The Gael* ist nach einem Fahrrad benannt, das der Whiskey Bonder J. J. Corry in den 1890ern erfunden hat. J. J. Corry wurde im Örtchen Cooraclare geboren, in dem nun auch der Firmensitz von *The Chapel Gate* ist. Hier hat J. J. Corry Whiskey-Bonds abgefüllt, *Blends* komponiert und in seinem Shop nebst Pub in der 63 Henry Street verkauft.

J. J. Corry "The Gael" Irish Whiskey

STIL Blend

GERUCH frisch, Vanille, ganz leichte Aromen von Gewürzen

GESCHMACK elegante und frische Frucht-Noten, Zitrus-Aroma, ein Hauch von rosa Pfefferbeeren

ALKOHOL 46 Vol.-%

www.chapelgatewhiskey.com

HIBERNIA DISTILLERS

Hibernia Distillers, einer der neuen und unabhängigen Abfüller Irlands, schuf mit der Marke *Hyde President's Cask* seine erste Abfüllung. Der Whiskey wurde nach dem ersten Präsidenten Irlands benannt. Douglas Hyde, von Haus aus eigentlich Autor und Dichter, diente von 1938 bis 1945 dem erst 1922 unabhängig gewordenen Land. *Hyde*-Whiskeys sollen daher auch immer eine Hommage an die irische Freiheit sein. Die Besitzer von *Hibernia Destillers* – Alan und Conor Hyde – machen kein Geheimnis daraus, dass es sich bei ihren Whiskeys um *Single Malts* handelt, die bei *Cooley* gebrannt wurden.

Hyde No. 1 Single Malt – 10 Jahre

STIL Single Malt

GERUCH Heu, Zitrusfrüchte, Karamell, Gewürze

GESCHMACK weich, cremig, fruchtig nach Aprikose und Pflaume

ALKOHOL 46 Vol.-%

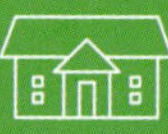
http://hydewhiskey.ie/

LAMBAY IRISH WHISKEY

Eine kleine Insel und zwei Familien mit klangvollen Namen stecken hinter dem neuen *Lambay Whiskey:* Der eine ist Cyril Camus, in fünfter Generation Teil des französischen Cognac-Adels *Maison Camus*, der andere Alexander Baring, seines Zeichens der siebte Lord Revelstoke. Zu den Besitzungen des anglo-irischen Aristokraten zählt auch die Insel Lambay nordöstlich von Dublin, die namensgebend für das gemeinsame Whiskey-Projekt ist.

Das Sortiment der hochkarätigen Kooperation *Lambay Irish Whiskey Company* umfasst einen *Blended Irish Whiskey* und einen *Single Malt Whiskey*. Die beiden Qualitäten haben ihren Ursprung in einer nicht genannten Brennerei in Irland, in der sie dreifach destilliert und zur Reifung für ungenannte Dauer in ehemaligen Bourbonfässer ruhen. Beide Whiskeys erfahren dann ein Finish in ausgedienten Cognacfässern von *Camus*. Diese lagern mit dem *Blended Irish Whiskey* in den Kellern von *Maison Camus* in Frankreich, während die Fässer mit dem *Single Malt* im rauen Klima der Insel Lambay reifen.

Lambay Single Malt

STIL **Single Malt**

GERUCH **malzig, Aromen grüner Früchte und reifer Banane**

GESCHMACK **getrocknete Früchte, Kokosnuss**

ALKOHOL **40 Vol.-%**

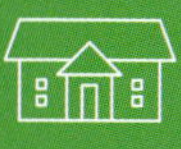
Lambay Irish Whiskey Company
28–32 Upper Pembroke Street
Dublin
www.lambaywhiskey.com

MITCHELL & SONS

Die Firma *Mitchell & Sons* wird derzeit als Wein- und Spirituosenhändler von der sechsten und siebten Generation der Familie Mitchell geführt. Ihre bekanntesten Whiskey-Marken sind sicher der *Green Spot* und der *Yellow Spot.*

Der *Green Spot* ist irische Whiskey-Geschichte in flüssiger Form: ein fruchtiger Single Pot Still Whiskey der besten Art. Selbst in Irland ist er eine Rarität, was nicht groß verwunderlich ist, wenn man bedenkt, dass pro Jahr nur rund 26.000 Flaschen abgefüllt werden. Der *Green Spot* wird aus sieben bis zehn Jahre altem Whiskey aus Midleton kreiert und für *Mitchell & Sons* abgefüllt.

Green Spot

STIL **Single Pot Still Whiskey**

GERUCH **frisch-fruchtig, aromatisch, leichte Noten von geröstetem Holz**

GESCHMACK **prägnante Gewürz-Aromen, gefolgt von süßlichen Honig-Noten, cremig**

ALKOHOL **40 Vol.-%**

http://mitchellandson.com/

P & H EGAN'S

P & H *Egan* war ein bekanntes altes Unternehmen mit Sitz in Tullamore, das seit 1852 Wein, Bier und Whiskey für den heimischen Markt abfüllte. Dem Unternehmen wurde 2013 von Jonathan & Maurice Egan, der sechsten Generation der Egans, wieder neues Leben eingehaucht. Ihre erste Whiskey-Abfüllung war der zehnjährige *Single Malt*, ein *Vintage Single Grain* rundet das Portfolio mittlerweile ab – eine dritte Abfüllung, ein 15 Jahre alter *Single Malt* mit dem Namen *Legacy Reserve,* soll noch folgen.

Egan's Single Malt Irish Whiskey – 10 Jahre

STIL Single Malt

GERUCH frisch, Aromen von Ananas und Kokosnuss, Vanille, Ingwer

GESCHMACK kräftig, Frucht-Aromen von Ananas, Mango und Banane, leicht würzig

ALKOHOL 47 Vol.-%

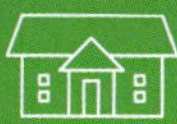
www.eganswhiskey.com

THE TEMPLE BAR

Einer der besten traditionellen Irish Whiskeys wurde von Tom Cleary, dem Besitzer der "Temple Bar" im gleichnamigen Vergnügungsviertel Dublins, kreiert. Tom wollte, wie es früher üblich war, einen Whiskey eigens für seine Bar (und den wohl berühmtesten Pub Irlands) kreieren und damit eine alte Tradition in Irland wieder aufleben lassen: Früher hatte fast jeder Pub auf der grünen Insel seinen eigenen Whiskey. Im Pub trafen sich Jung und Alt, um gemeinsam zu feiern und das Leben zu genießen. Und was darf dazu nicht fehlen? Genau, der passende Whiskey.

Die Tradition kehrt mit *Bondern* (siehe Seite 84 ff) und Abfüllern wie *Temple Bar* langsam zurück und Tom Cleary zeigt seit 2015 mit seinen Kreationen, dass eingängige Whiskeys nicht langweilig sein müssen. Neben dem hier vorgestellten traditionellen *Blend* gibt es *Single Malts* in unterschiedlichen Altersstufen.

The Temple Bar Traditional Irish Whiskey

STIL Blend

GERUCH Frucht und Honig mit leichten Gewürz-Aromen

GESCHMACK malzig, fruchtig, Vanille

ALKOHOL 40 Vol.-%

The Temple Bar Pub
47/48 Temple Bar
Dublin 2
www.thetemplebarwhiskeycompany.com

Temple Bar in Dublin

VERLORENE GESCHICHTE

IRLANDS GESCHLOSSENE DESTILLERIEN

Die Geschichte der Whiskeynation Irland ist geprägt vom Auf und Ab, vom Aufstieg zum Weltmarktführer bis Anfang des 20. Jahrhunderts und einem rasanten Fall danach.
Wie viele Brennereien – große in den Städten, aber auch kleine und illegale auf dem Land – im Laufe der Krise und des Abstiegs tatsächlich schließen mussten, lässt sich wohl nie genau erfassen. Ich führe hier aber einige von ihnen kurz auf. Es ist zwar sehr unwahrscheinlich, dass einem noch Abfüllungen aus diesen Destillerien abseits großer Auktionen begegnen, doch vielleicht fällt Ihnen der eine oder andere Name auf einem alten Reklame-Schild ins Auge – dann wissen Sie, was es damit auf sich hatte.

Falls Sie sich detailliert für einstige kleine und große Namen unter den irischen Brennereien interessieren, empfehle ich Ihnen "The Lost Distilleries of Ireland" von Brian Townsend. Das Buch, das Sie auch in der Whisk(e)y-Bibliographie in (Seite 152f) finden, führt Sie noch einmal in die reichhaltige Whiskey-Geschichte Irlands und zu den „verlorenen Destillerien" der grünen Insel.

AVONIEL DISTILLERY

Belfast, County Antrim (1882 bis 1929)

Viel ist nicht mehr über die *Avoniel* bekannt, außer dass sie wohl eine reine Grain-Destillerie war, in der auf zwei *Coffey Stills* jährlich rund 850.000 Gallonen Whiskey produziert wurden. Nachdem die Brennerei mit Beginn des 20. Jahrhunderts immer weniger lukrativ wurde, schloss man sie 1929 und riss die Gebäude im Laufe der Jahre ab. Die letzten Brennereigebäude in Belfast wurden erst 1990 abgerissen. Aus dem nordirischen Handelsregister geht hervor, dass am 22. Juni 2016 ein Unternehmen mit dem Namen *Avoniel Distillers Ltd.* in Portaferry mit dem Geschäftszweck "Distilling, rectifying and blending of spirits" angemeldet wurde. Es scheint also nicht unmöglich, dass auch diese Geschichte eine Fortsetzung findet.

CROMAC DISTILLERY

Belfast, County Antrim (1776 bis 1930)

Die Destillerie wurde bereits 1776 von J. J. McConnell gegründet und produzierte bis zur Schließung den bekannten *Pot Still* namens *McConnell's Old Irish Whiskey.* Die Marke war 2015 im Gespräch, von der neuen *Belfast Distillery Company* aufgenommen und produziert zu werden (siehe auch Seite 92f).

THE IRISH DISTILLERY, CONNSWATER

Belfast, County Antrim (1886 bis 1929)

Die Destillerie war ein Joint Venture der Belfaster Whiskey-Blender und -Händler *Kirker, Greer & Co.* und *Mitchell & Co.* sowie dem Belfaster Distiller *James Wilson & Son.* Die Brennerei, die ursprünglich *Connswater Distillery* hieß, stand auf einem zwölf Hektar großen Gelände und produzierte *Grain Whiskey*, destilliert in zwei *Coffey Stills.* 1902 wurde sie Teil der schottischen *United Distillers Company (UDC)* und war deren größte Produktionsstätte. Nachdem sich aber auch bei den Schotten das Geschäft in den 1920er Jahren immer mehr abschwächte, wurde sie in Belfast 1929 geschlossen. Die meisten Gebäude sind erhalten geblieben und werden heute von einer Tabakfirma genutzt.

THE ROYAL IRISH DISTILLERY

Belfast, County Antrim (1868 bis etwa 1938)

Als Tee- und Spirituosenhandlung gestartet, entwickelte sich das Unternehmen, nach dem Gründer ursprünglich *Dunville & Co.* genannt, mit der eigenen Brennerei namens *The Royal Irish Distillery* zu einer der größten irischen Destillierien um 1890. Hier wurde auch der im ganzen Land populäre *Dunville's VR Whiskey* hergestellt. Die *Echlinville Distillery* belebte *Dunville's Whiskey* 2013 als Marke wieder und verkauft ihn seitdem (siehe Seite 63f).

BANDON DISTILLERY

Bandon, County Cork (1826 bis 1929)

Die ursprüngliche *Allman & Co. Bandon Distillery* wurde 1825 in Bandon von der Familie Allman, lokalen Tuchfabrikanten, gegründet. Die Destillerie wuchs zu einer der größten ländlichen Brennereien in Irland. *Bandon Whiskey* wurde in die ganze Welt exportiert, vor allem nach Großbritannien und Amerika. Im Zuge der Unabhängigkeit der Republik Irland und der Prohibition in den USA schloss auch die *Allman & Co. Bandon Distillery* ihre Pforten. Die Whiskey-Abfüllung aus Lagerbeständen wurde noch einige Jahre fortgesetzt, bis das gesamte Unternehmen 1939 aufgelöst wurde.

Bandon Destillerie

Seit einiger Zeit werden via *www.bandondistillery.com* Investoren für eine neue Brennerei gesucht. Die im Handelsregister eingetragene *Bandon Distillery Ltd.* ist seit 2013 registriert. Es bleibt spannend, was aus dem Projekt wird.

BIRR DISTILLERY

Birr, County Offaly (1895 bis 1890)

Birr *Distillery* war eine kleine Brennerei in den irischen Midlands, ähnlich den Destillerien in den nahegelegenen Städten Tullamore, Kilbeggan und Monasterevin. Gab es Mitte des 18. Jahrhunderts noch vier Brennereien in Birr, zeigen die Umsatzsteuerberichte, dass fast alle von ihnen bis 1807 geschlossen waren. Eine davon war jedoch um 1805 von den Brüdern R. und J. Wallace übernommen worden und sollte bis 1890 als *Birr Distillery* in Betrieb bleiben. Sie wurde aber 1889 von einem schweren Brand heimgesucht, der die meisten Produktionsgebäude und das Zolllager zerstörte. Die auf der anderen Seite des Camcor-Flusses gelegenen Getreidespeicher, Brennöfen und Lagerhallen überlebten das Feuer, aber die Destillation wurde in Birr nie wieder aufgenommen. Heute wird Birr als eine der schönsten georgianischen Städte Irlands beschrieben – die Überreste der *Birr Distillery*, die seit mehr als einem Jahrhundert verfallen, sind noch immer zu sehen.

Von der *Birr Destillerie* ist nur noch eine Ruine übrig.

THE DUBLIN WHISKEY DISTILLERY CO.

Dublin (1873 bis 1926)

Die Destillerie in der Jones Road, auch *Jones Road Distillery* genannt, wurde 1872 von einer Gruppe aus sieben Geschäftsleuten gegründet und innerhalb eines Jahres auf einem sieben Hektar großen Gelände am Ufer des Flusses Tolka errichtet, so dass bereits 1873 mit dem ersten Maischen begonnen werden konnte. In der Destillerie fand sich bei der Eröffnung nichts weniger als die beste und modernste Ausrüstung, gepaart mit den besten Leuten der Branche. Leider begann der Bau in einer Zeit, in der sich das goldene Zeitalter des Irish Whiskeys bereits dem Ende entgegen neigte. Die erhofften Umsätze blieben aus. So konnte die Brennerei trotz bestem Equipment nie ihre Zielkapazität von 800.000 Gallonen (3,5 Millionen Liter) Jahresproduktion erreichen und wurde 1891, keine 20 Jahre nach ihrer Gründung, Teil der *Dublin Distillers Co. (DDC)*. Doch auch die *DDC* hatte zu diesem Zeitpunkt bereits zu kämpfen: mit Überkapazitäten, schwachen Marken und zusammenbrechenden Märkten. Dies alles führte 1926 zur Schließung der Brennerei.

Seit 2014 gibt es wieder eine Firma mit dem Namen *Dublin Whiskey Distillery Company (D. W. D.)*, die aber nicht destilliert, sondern ein reiner *Blender* und Abfüller ist. Im Oktober 2017 brachte die Firma ihren ersten *Blend* mit dem Namen *D. W. D. Irish Whiskey* auf den Markt.

OLD MIDLETON DISTILLERY

Midleton, County Cork (1825 bis 1975)

Die *Midleton Distillery* wurde 1825 von den Brüdern James, Daniel und Jeremiah Murphy gegründet, die sie als alte Wollmühle kauften und umbauten. So ließen die Murphys in der Brennerei die größte Pot-Still-Brennblase der Welt installieren, die 32.000 Gallonen (mehr als 145.000 Liter) fasste. Es gab auch einen sechsstöckigen Getreidespeicher und eine vierstöckige Mälzerei. In den 1850er Jahren verließen zwei Söhne des Gründers die Stadt Midleton, um eine Brauerei in Cork zu gründen, die noch heute *Murphy's Stout* produziert. 1866 schlug James Murphy, Sohn eines der Gründer und damaliger Chef, vor, *Midleton* mit den damals vier Corker Destillerien – *The Green, Watercourse, North Mall* und *Daly's Distillery* – zu fusionieren. Die Kollegen aus Cork waren von der Idee einer starken finanziellen und operativen Einheit angetan und so wurden 1867 die *Cork Distilleries Co.* gegründet. Mit einer sehr effektiven Führung überlebte das Unternehmen die Rückschläge des frühen 20. Jahrhunderts und war eine von nur noch drei Destillerien, die es 1966 in der Republik Irland gab und die später zur *Irish Distillers Group (IDG)* wurden. Die *Midleton Distillery* produzierte fast ein Jahrhundert lang unverändert Whiskey bis 1975, als die Destillation in die neue *IDG*-Anlage nebenan verlegt wurde. Die *Old Midleton Distillery* wurde stillgelegt und teilweise restauriert. Sie ist heute eine der schönsten und interessantesten Besucherattraktionen Irlands.

COMBER DISTILLERIES

County Down (1825 bis 1953)

Comber, eine kleine Stadt nur wenige Kilometer südlich von Belfast, hatte einst zwei Brennereien: Die *Upper Distillery* wurde 1825 gegründet und baute eine alte Brauerei und Mälzerei um. Die untere Brennerei war kleiner, 1825 von *Byrne & Company* gegründet, und eine ehemalige Papierfabrik. 1860 schlossen sich die beiden Brennereien zu einer, zur *Comber Distillery*, zusammen. Im Jahr 1914 produzierte das Unternehmen 110.000 Gallonen *proof spirit*, einen schweren, reinen *Pot Still Whiskey*. Als sich der allgemeine Geschmack in Richtung der leichteren *Blended Whiskeys* änderte, wurde der Verkauf zunehmend schwieriger und das Unternehmen stellte 1953 schließlich die Destillation ein. Heute ist die untere Brennerei völlig verschwunden, doch der größte Teil der oberen Brennerei steht noch immer in einem bemerkenswert guten Zustand. Die *Pot Stills* aus Comber fanden übrigens ein neues Zuhause in der *Cooley Distillery*. Ein Teil des letzten Whiskeys, der in Comber destilliert wurde, ist heute als *Old Comber* erhältlich, mindestens 30 Jahre alt und bei Sammlern sehr gefragt, da nur ein paar hundert Flaschen davon abgefüllt wurden (siehe Seite 78).

Comber Distilleries

BOW STREET DISTILLERY

Dublin (1780 bis 1971)

Unter der Leitung von *John Jameson & Son* war die *Bow Street Distillery* eine der "Big Four" der Dubliner Destillerien und auch die ursprüngliche Heimat von *Jameson Irish Whiskey.* In ihren Spitzenzeiten war Bow Street sogar die zweitgrößte Destillerie Irlands und eine der größten der Welt mit einem Ausstoß von einer Million Gallonen pro Jahr. In den 1970er Jahren wurde die Produktion in die *New Midleton Distillery* im County Cork verlegt. Die *Bow Street Distillery* fungiert heute als Besucherzentrum.

JOHN'S LANE DISTILLERY

Dublin (1796 bis 1976)

James Power begann sein Geschäft 1791 mit der Umwandlung eines alten Gasthauses in eine winzige Destillerie, die nach ihrer Lage in Dublin *John's Lane Distillery* hieß und ab 1796 bereits 6.000 Gallonen pro Jahr produzierte. Danach wuchs die Destillerie Jahr für Jahr und erreichte 1871 eine Jahresproduktion von 900.000 Gallonen – das sind mehr als vier Millionen Liter! *Powers Whiskey* wurde eine – auch heute noch – bekannte Marke und die Familie Power eine wohlhabende und einflussreiche Dynastie: John Power, der Enkel des Gründers, wurde Baronet und legte den Grundstein für das O'Connell National Monument in Dublin, das noch heute steht. *Powers* waren die ersten Destillateure, die ihre eigenen Produkte auch selbst in Flaschen abfüllten. *Powers Gold Label* war der meistverkaufte Whiskey in Irland, während *Jameson*, sein großer Konkurrent, auf dem Exportmarkt immer stärker war. *Powers* führte auch "Baby Powers" ein – Miniaturflaschen, eine Innovation, die sogar eine gesetzliche Neuregelung erforderte. Als Absatzkrisen ihren Tribut unter den irischen Whiskey-Herstellern forderten, schlossen sich *Powers* mit *Jameson* und den *Cork Distilleries Co.* 1966 zur *Irish Distillers Group* zusammen. Ab 1971 produzierte *John's Lane Distillery* für kurze Zeit sowohl Powers als auch *Jameson Whiskey*, doch 1976 wurde die Produktion in das neue Werk in Midleton, *Co. Cork*, verlegt und die Brennerei von *Powers Distillery* wurde geschlossen. Heute beherbergt die alte Brennereianlage das "National College of Art and Design".

PHOENIX PARK DISTILLERY

Chapelizod, Dublin (1878 bis 1921)

Die Destillerie in Chapelizod, in der Nähe von Dublins Phoenix Park, wurde 1878 von der *Distillers' Company Ltd. (DCL)* aus Schottland gegründet, die dazu eine alte Mühle umbaute. Der Gesellschaft, die später zum größten Anbieter von Scotch Whisky wurde, gehörten auch Marken wie *Haig*, *Dewar's* und *Buchanan's* sowie unzählige Malt- und Grain-Destillerien in Schottland. Damals schien es sich zu lohnen, eine irische Brennerei zu besitzen, denn Dubliner Whiskey galt als der beste der Welt und es spielte keine Rolle, dass er bis zu 25 Prozent teurer als vergleichbarer Scotch Whisky war. Die Produktion der *Phoenix Park Distillery*, rund 1,5 Millionen Liter pro Jahr, wurde zumeist nach England und in die Kolonien verkauft oder zum Mischen mit *DCL*-eigenen *Scottish Malt* und *Grain Whiskys* verwendet. Allerdings hatte die *Phoenix Park Distillery* nur eine kurze Lebensdauer: Die Produktion wurde 1921 eingestellt und die Schotten verließen das Unternehmen einige Jahre später aufgrund der damals politisch und wirtschaftlich schwierigen Situation in Irland.

THOMAS STREET DISTILLERY

Dublin (1757 bis 1926)

Im Eigentum der Familie Roe, einer der vier großen Dubliner Whiskey-Dynastien, war die *Thomas Street Distillery* mit einem Ausstoß von zwei Millionen Gallonen pro Jahr einst die größte auf den Britischen Inseln. Die Brennerei befand sich gegenüber der St. James's Gate Brauerei von *Guinness*, die ihrerseits einmal die größte Brauerei der Welt war. Nach Schließung der Brennerei wurden einige Gebäude

Monasterevin Distillery in County Kildare

von *Guinness* gekauft und in deren Brauerei integriert. Vor allem der 1757 erbaute St. Patrick's Tower, eine der ältesten Holländer-Windmühlen Europas, ist noch heute auf dem Gelände der *Guinness*-Brauerei zu sehen. Im Jahr 2017 reanimierte der *Diageo*-Konzern die Marke und brachte im Frühjahr des Jahres einen Blend unter dem Namen *Roe & Co.* auf den Markt (siehe Seite 111). Zudem will der Konzern eine neue Destillerie in einem alten Kraftwerksgebäude der *Guinness*-Brauerei, nur wenige Meter vom alten Standort der ursprünglichen *Thomas Street Distillery* entfernt, bauen.

MONASTEREVIN DISTILLERY

County Kildare (1784 bis etwa 1921)

Die *Monasterevin Distillery* wurde 1784 von John Cassidy gegründet. Die Brennerei sollte bis zu ihrer Schließung in den 1920er Jahren in Familienbesitz bleiben. Nachdem die Brennerei kurz nach der Eröffnung komplett abbrannte, baute Cassidy sie wieder auf und erreichte bis 1887 eine Jahresproduktion von 200.000 Gallonen – mehr als 900.000 Liter. Das Gelände umfasste knapp über vier Hektar mit einer Straßenfront von fast 100 Metern – ein Großteil davon ist noch heute erhalten – und 17 Lagerhallen, die 7.000 Fässer Whiskey enthielten. Die Destillerie verkaufte 80 Prozent ihrer Produktion vor Ort, nur 20

Galway

Prozent gingen an Händler und in den Export. Nachdem bis 1918 alle männlichen Familienmitglieder gestorben waren, ging das Geschäft an Gwendella, Witwe von Robert Edward Cassidy, die das Unternehmen bis zur Liquidation im Dezember 1921 leitete.

Auch hier gibt es offensichtlich Versuche, die alte Destillerie-Tradition und die Marke wieder aufleben zu lassen. Unter dem Schlagwort *Monasterevin Distillery* wird über eine Website versucht, Geld für eine Reaktivierung des Brennerei-Komplexes zu sammeln. Wer dahinter steht, ist auf den ersten Blick nicht ersichtlich, ebenso wenig, wer sich hinter der europäischen Markenanmeldung mit der Nummer 014431605 verbirgt; das elektronische Handelsregister führt zum genannten Namen *Monasterevin Whiskey Company Ltd.* bis dato keinen Eintrag. Man kann aber bereits einen Blend mit dem Namen *Ballyhooly Blue Ribbon Irish Whiskey* online bestellen.

DODDER BANK DISTILLERIES

Dublin (1795 bis etwa 1850)

Robert Haig, Mitglied der berühmten schottischen Brennerdynastie, besaß eine Destillerie in der Dodder Bank (Ringsend Area) von Dublin. Das Unternehmen begann dort 1795 mit der Arbeit und war bereits 1802 einer der größten Destillateure Dublins mit einer Kapazität von bis zu 1.547 Gallonen. Bis 1823 expandierte er, installierte eine zusätzliche *Coffey Still* und erreichte eine Jahresproduktion von 330.000 Gallonen Whiskey. Doch die Brennerei stellte Mitte des 19. Jahrhunderts die Produktion ein – warum, ist unklar. Ebenso liegt im Dunklen, wo genau die Destillerie stand und was mit den Räumlichkeiten geschah.

NUN'S ISLAND DISTILLERY

Galway (1846 bis 1915)

Im Jahre 1823 betrieb Patrick Joyce eine 89-Gallonen Still auf Nun's Island, einem Stadtteil Galways direkt am westlichen Ufer des Corrib. Sein Unternehmen florierte, denn bis 1833 produzierte er 100.000 Gallonen pro Jahr. Aber die Brennerei wurde 1840 geschlossen, von Henry Stratford Persse gekauft und in eine Wollmühle umgewandelt. Als der Wollhandel um 1846 nicht mehr einträglich war, baute er das Gebäude erneut für die Destillation um. Das lag nahe, da die Familie Persse im Stadtteil Newcastle bereits seit 1815 eine Brennerei betrieb (die *Persse Galway Whiskey Distillery*). Zudem lief der dortige Pachtvertrag aus. Unter der Führung von Henrys Neffen, Burton de Burgh Persse, erreichte die Destillerie auf Nun's Island ein neues Hoch. In den 1880er-Jahren war sie die einzige legale Brennerei in der Provinz Connaught. Ende des 19. Jahrhunderts lag ihr Ausstoß bei etwa 400.000 Gallonen pro Jahr, der so hoch wie jener der berühmten *Bushmills*-Brennerei zu dieser Zeit war. Die Destillerie schloss um 1915, wahrscheinlich aufgrund der verstärkten Konkurrenz durch die inzwischen vereinten Dubliner Brenner, die von den neuen Eisenbahnverbindungen zu den entlegenen Gebieten des Landes profitierten und auch dorthin ihren Whiskey verkauften. Einige der Gebäude, vor allem ein Lagerhaus am Corrib, existieren noch heute und werden vom University College Galway genutzt.

GELEBTE GESCHICHTE

EIN SPAZIERGANG DURCH IRLANDS WHISKEYHISTORIE AN EINEM TAG IN DUBLIN

Dublin ist nicht nur die Hauptstadt der Republik Irland, die Stadt ist und war einst Zentrum der irischen Whiskeywelt – und ist heute wieder die Keimzelle für Whiskeykultur auf der grünen Insel. Der Grund: Hier finden sich in einer Distanz von nur wenigen Gehminuten neue und aktive Destillerien, anschauliche Museen und moderne Erlebniswelten, renommierte Händler und nicht zuletzt Pubs und Bars mit einem schier unüberschaubaren Angebot des Nationalgetränks.

Wer also ein langes Wochenende mit einem Städtetrip verbinden will und dabei in die Welt des Irish Whiskeys, in Geschichten und Geschichte eintauchen möchte, findet nirgendwo sonst so viel Wissen, Informationen, Angebote und praktisches Erleben auf überschaubarem Raum wie in Dublin.

Der Auftakt sollte ein Abstecher in die „Dublin Liberties", das historische Arbeiterviertel sein, in dem einst die meisten Brennereien standen. Das Areal liegt südwestlich der Liffey in der alten Innenstadt und bietet heute wie damals eine Mischung aus Bars, Läden, Unterhaltung und – zumindest für einige – harte Arbeit.

1
Dublin Liberties Distillery

In den Liberties finden sich nicht nur das berühmte *Guinness Storehouse* am St. James's Gate, sondern auch die neue *Dublin Liberties Distillery*. Die erst Anfang 2019 eröffnete Brennerei befindet sich in einem Gebäude mit einer mehr als 400-jährigen Geschichte im alten „goldenen Dreieck" der Dubliner Destillerien. Das Haus war früher eine Mühle – fast meint man, noch den Lärm auf der Straße, die Karren, die über die Pflastersteine klapperten, das Quietschen der Winde, als die Getreidesäcke hochgezogen wurden, zu hören. Später wurden hier Tierhäute gegerbt, danach stand das Haus lange Jahre leer. Das Team um Master Distiller Darryl McNally bringt jetzt wieder Geschäftigkeit in die alten Mauern und weckt Neugierde auf die ersten Abfüllungen (siehe auch Seite 96).

Die neue *Dublin Liberties Distillery* liegt in der Mill Street 33, Merchants Quay. Die Öffnungszeiten waren bei Drucklegung des Buches noch nicht bekannt. Einen ersten Eindruck vermittelt aber die Website: **https://dublinlibertieswhiskey.com/**

Eingangsbereich der *Teeling Whiskey Distillery*

Teeling Whiskey Distillery

Nur ein paar Schritte um die Ecke liegt in unmittelbarer Nachbarschaft die *Teeling Whiskey Distillery* (siehe Seite 55). Hier kann man in der modernen Brennerei und dem angeschlossenen Besucherzentrum den „Spirit of Dublin“ erleben. Das *Teeling*-Besucherzentrum bietet täglich geführte Touren von 10 bis 17.40 Uhr an. Die Adresse lautete: 13–17 Newmarket, Merchants Quay – mehr Informationen finden Sie unter: **https://teelingwhiskey.com/**

Jameson Destillerie

3
Pearse Lyons Whiskey Distillery

Wer sich nun rund 20 Minuten lang die Beine vertreten möchte, wird mit einem ungewöhnlichen Erlebnis in der *Pearse Lyons Whiskey Distillery* in der James's Street belohnt (siehe Seite 101). Hier haben sich die Eigentümer Deirdre und Pearse Lyons einen Traum erfüllt und ihre eigene Brennerei eröffnet – in einer alten Kirche, Amen! Wer sich vom "holy spirit" in der ehemaligen St. James' Church überzeugen möchte, hat dazu täglich von 9.30 Uhr bis 18 Uhr und am Sonntag von 11.30 Uhr bis 18 Uhr Gelegenheit. Weitere Informationen gibt es auf: **www.pearselyonsdistillery.com**

4
Old Jameson Whiskey Distillery

Auf der anderen Seite der Liffey steht die *Old Jameson Distillery* in der Bow Street. Auch wenn hier nicht mehr gebrannt wird, kann der Besucher doch in der 40-minütigen Tour das reiche Erbe der Traditionsmarke Jameson und ein Stück Whiskeygeschichte Irlands „live" erleben. Damit es nicht trocken-akademisch bleibt, endet jede Tour mit einer kleinen Whiskey-Verkostung. Die ehemalige Destillerie ist täglich von 10 bis 17.30 Uhr, Freitag und Samstag sogar bis 19 Uhr geöffnet. Am besten reserviert man sich die Tickets online vorab und ist etwa 15 Minuten früher da. Die kurze Wartezeit lässt sich mit einem kleinen Whiskey an „JJ's Bar" perfekt verkürzen. Die Website findet sich unter **www.jamesonwhiskey.com/ie/visit-us/jameson-distillery-bow-st**

5
Irish Whiskey Museum

Alle, die sich einen etwas umfassenderen Überblick abseits einzelner Marken verschaffen möchten, sollten dann dem Irish Whiskey Museum Dublin einen Besuch abstatten. Den Eingang zwischen dem Tabakhändler J. J. Fox und einem Tourist Office übersieht man leicht, doch das genaue Hinsehen lohnt: Das Museum bietet in sympathischer Atmosphäre moderne interaktive Führungen durch fast 1.000 Jahre irischer Whiskeygeschichte. Die Zeitreisen sind täglich von 10 Uhr (10.30 Uhr im Winter) bis 18 Uhr möglich. Einen ersten Eindruck kann man sich unter **www.irishwhiskeymuseum.ie** verschaffen.

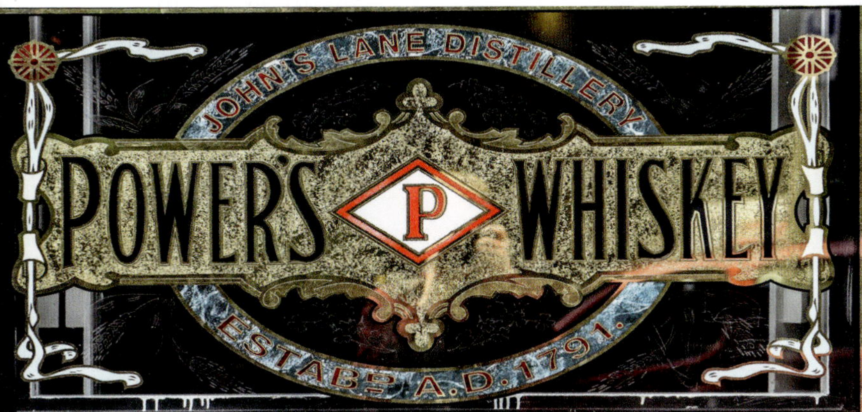

Findet man in fast jedem irischen Pub: Das alte Dubliner Powers-Label (damals noch mit Apostroph).

Whiskey-Touren durch Dublin

Der perfekte Abschluss des Tages ist natürlich abends der Besuch eines Pubs. Wer nicht lange suchen oder alleine starten will oder eine Tour durch verschiedene Bars und Pubs mit geführten Tastings wünscht, ist bei einem der stetig wachsenden Anzahl von Anbietern für Bar- und Whiskey-Touren in Dublin richtig. Meist dauern die Führungen, bei denen Tastings, ein kleiner Imbiss und eine Runde durch verschiedene Bars kombiniert werden, um die zwei Stunden. In der Regel können die Touren vorab online gebucht werden. Aktuelle Informationen dazu werden auf der Website zum Buch **www.irish-whiskey-buch.de** bereit gehalten.

Viel Spaß beim Erkunden, Probieren und –“Sláinte mha(i)th”!

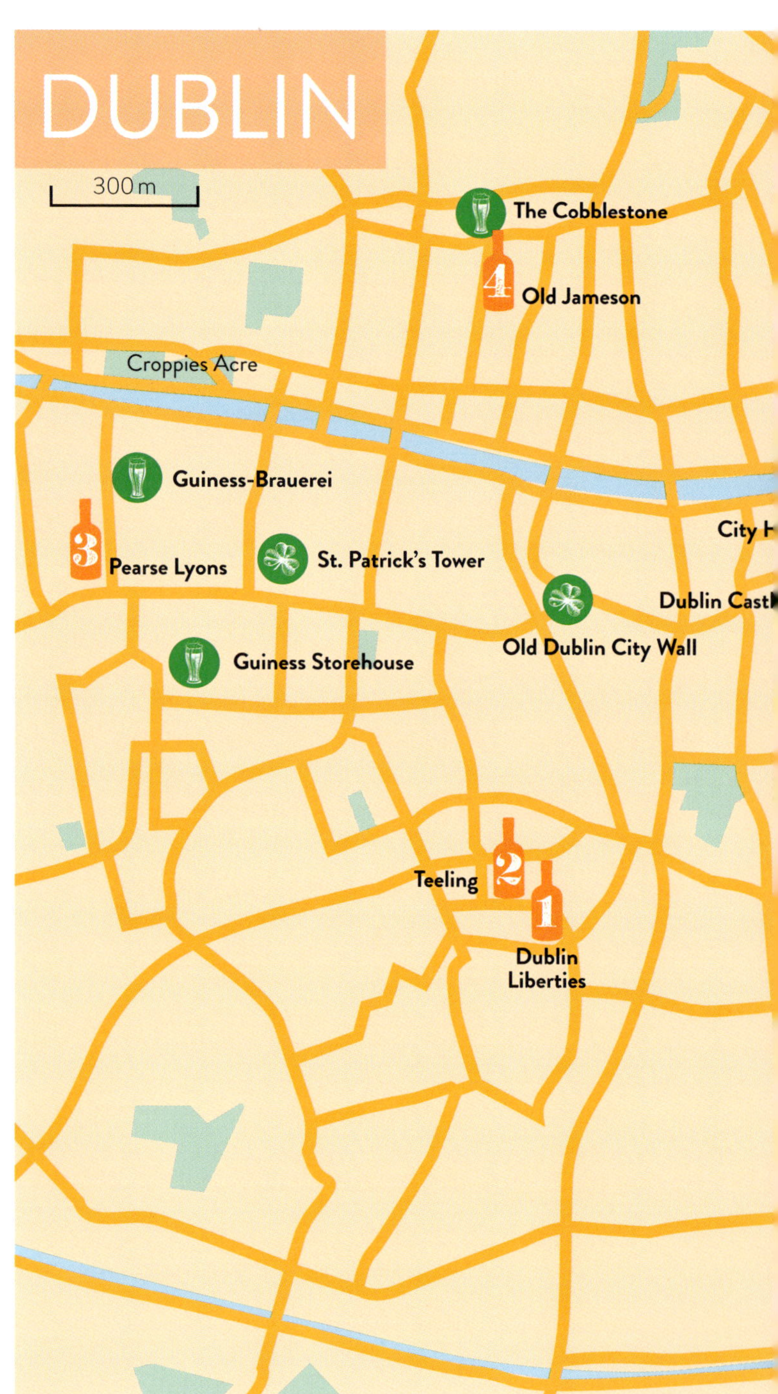
DUBLIN
300 m
The Cobblestone
4
Old Jameson
Croppies Acre
Guiness-Brauerei
3
Pearse Lyons
St. Patrick's Tower
City H
Dublin Castl
Old Dublin City Wall
Guiness Storehouse
Teeling
2
1
Dublin
Liberties

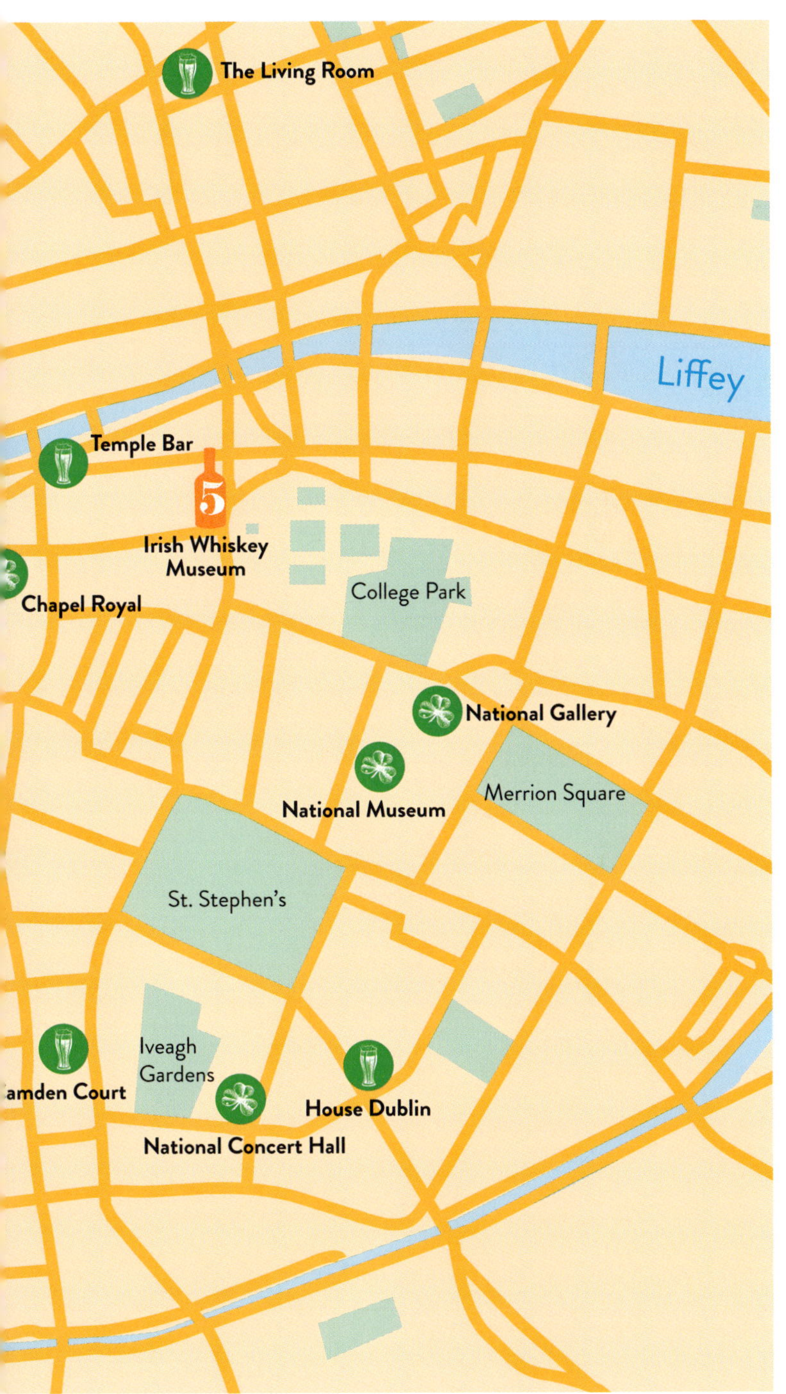
The Living Room
Liffey
Temple Bar
5
Irish Whiskey
Museum
Chapel Royal
College Park
National Gallery
Merrion Square
National Museum
St. Stephen's
Iveagh
Gardens
amden Court
House Dublin
National Concert Hall

THE PARTING GLASS

UND MEIN DANK

Da speziell Sachbuch-Autoren keine Insel sind, möchte ich mich an dieser Stelle bei einigen wichtigen Helfern bedanken:

Zuvorderst bei meiner Lektorin Simone Graff für ihre anscheinend endlose Geduld mit mir, meinen immer wieder neuen Ideen und nicht selten meiner Ungeduld – wie auch der Verlegerfamilie Graff vom Hädecke-Verlag, die mich mit offenen Armen in ihre Autoren-Familie aufgenommen hat.

Danke auch Joachim Kurz, der mir Mut, Hilfe und den Anstoß für dieses Buch gab, und Bettina Schumann, meinem „Golden Girl“, die sich nicht nur geduldig meine Geschichten und Ideen anhörte, sondern mir auch selbstlos ihre Wohnung als „Schreibknast“ zur Verfügung stellte.

Mein Dank gilt auch Mareike Spitzer, die mein Faktenfilter und „Finger am Puls des Marktes“ war.

Zudem danke ich Louise McGuane, die neben dem sicher wenig zeitraubenden Aufbau von „The Chapel Gate“ immer noch Zeit fand, mit mir über die Möglichkeiten durch Lagerung in Nicht-Eichenholz-Fässern, Freiheit für Innovationen und die Zukunft des Irish Whiskeys zu diskutieren.

Einen nicht zu unterschätzenden Anteil am Erscheinen dieses Buchen haben aber auch Sarah Lambe, Kieran Mulligan und das Team vom „O'Kellys“ Irish Pub in Freiburg. Sarah und Kieran fanden für mich immer Raum für eine Verkostungsrunde und (in Fällen leichter Panik oder schwerer Schreibblockade – vice versa) zielsicher den besten (Arbeits-)Platz am Tresen, verbunden mit einem ordentlichen Pint und ein paar warmen Worten.

Doch mein größter Dank gilt meinem Mann Thomas, ohne den dieses Buch sicher nicht entstanden wäre. Er ist der Grund, weshalb die anfängliche (fast) Schnapsidee zum Buch eine deutlich längere Halbwertszeit als einen Abend hatte. Er hat mir die Motivation, Inspiration, die Zeit und alle Freiheiten gegeben, um auch eine um drei Monate verkürzte Abgabefrist zu bewältigen. Und er war es, der meine Ideen und Gedanken während der Arbeit an diesem Buch immer wieder hinterfragt, gelegentlich korrigiert, so verbessert und in die richtigen Bahnen gelenkt hat.

May joy be with you all.

WASH

ANHANG

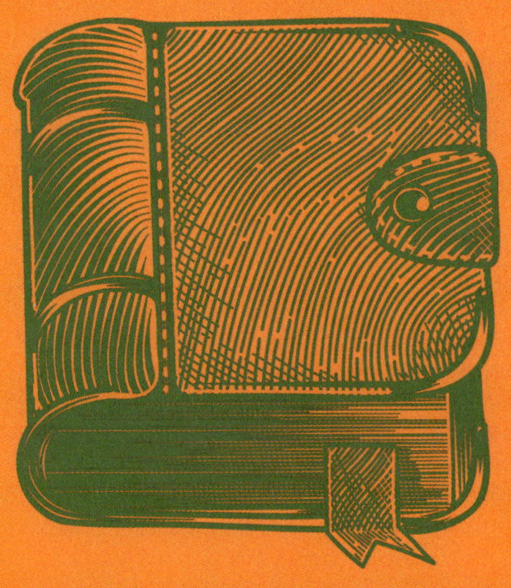

WHISKEY-BIBLIOGRAPHIE UND REGISTER

Amis, Kingsley · *Anständig Trinken* • Rogner & Bernhard, Berlin 2008, 140 S., inzwischen lieferbar als Taschenbuch bei Rowohlt, Hamburg.

Andrews, Allen · *The Whisky Barons* · Neil Wilson Pub Ltd, London 1977, 145 S.

Bielenberg, Andrew · *Locke's Distillery – a history* • The Lilliput Press Ltd, Dublin 1993. 122 S.

Booth, John • *A Toast to Ireland – a Celebration of traditional Irish drinks* Roberts Rinehart Pub, Belfast 1995. 120 S.

Broom, Dave · *Handbook of Whisky – a complete Guide to the world's best Malts, Blends and Brands* • Hamlyn, London 2000, 160 S., deutsche Ausgabe: *Das Whisk(e)y Handbuch – Führer zum Verkosten, Einkaufen und Reisen*, Christian Verlag, München 2001.

Buxton, Ian • *101 Whiskies to try before you die* • Headline, London 2010, 224 S.

Crowley, Roz • *The Story of Irish Whiskey* • Blarney 1993, 20 S.

Forbes, R. J. · *Short History of the Art of Distilling* • Leiden 1948, 405 S., aktuell: White Mule Press, 2009

Greenwood, Malcolm • *Unique Distilleries of Scotland and Ireland* • Greenwood Publishing, 2001, 160 S.

Harris, Paul (Hrsg.) • *The Rhythm of the Glass. Drinking: Contemporary Writing* • Edinburgh 1977, 88 S.

Hoffmann, Peter • *Whisky – Schottland, Irland, Nordirland, England und Wales* • AT Verlag, Aarau/München 2016, 656 S.

Jackson, Michael • *Malt Whisky* • Dorling Kindersley, München 2016, 449 S.
Whisky • Hädecke Verlag, Weil der Stadt, 1988, 248 S.

Magee, Malachy • *Irish Whiskey – A 1000 year tradition* • O'Brien Press Ltd, Dublin 1998, 144 S.

Minnick, Fred • *Whiskey Women – The untold story of how women saved Bourbon, Scotch and Irish Whiskey* • Potomac Books Inc, 2013, 232 S.

Mulryan, Peter • *Irish Whisky Guide* • Appletree Press Ltd, Belfast 2009, 96 S.
The Whiskeys of Ireland • O'Brien Press Ltd, Dublin 2016, 188 S.

Murray, Jim • *Classic Irish Whiskey* • London 1997, 256 S.
Irish Whiskey Almanac • Prion Books Ltd , Glasgow 1994, 159 S.
Whisky & Whiskey • Dorling Kindersley, München 1997, 224 S.

Paterson, Richard / Smith, Gavin D • *Goodness Nose – the passionate revelations of a Scotch Whisky Master Blender* • Neil Wilson Pub Ltd, Castle Douglas 2008, 206. S.

Richter, Peter · *Über das Trinken* · Goldmann, München 2011, 223 S.
Ryan, John Clement · *Irish Whiskey* · The Irish Heritage Series 71, Dublin 1992, 25 S.

Smith, Gavin D. / Rowskrow, Dominic · *Whisky Opus* · Dorling Kindersley, London 2012. Deutsche Ausgabe: *Das große Whiskybuch*, Dorling Kindersley, München 2013. 300 S.
Schobert, Walter · *Malt Whisky Guide* · Hädecke Verlag, Weil der Stadt 2012, 232 S.

Townsend, Brian · *The Lost Distilleries of Ireland* · Castle Douglas 1997, erhältlich als eBook bei Neil Wilson Publishing

Westerlund, Örjan · *Whisky – Geschichte, Herstellung und Genuss* · h.f.ullmann Publishing, Potsdam 2013, 159 S.

Der besseren Übersicht halber sind die Verkostungsnotizen **hervorgehoben**. *Die Website zum Buch mit allen aktuellen Neuvorstellungen und Verkostungsnotizen finden Sie unter www.irish-whiskey-buch.de.*

REGISTER FÜR STICHWORTE, WHISKEYS, DESTILLERIEN UND PERSONEN

IMPRESSUM

ISBN 978-3-7750-0788-7 · 4 3 2 1 | 2022 2021 2020 2019

Ein verlagsneues Buch bekommt man in Deutschland und Österreich überall zum selben Preis. Die kulturelle Vielfalt wird durch die gesetzliche Preisbindung geschützt. Auf dem Land und in der Stadt, im Internet und in jeder Buchhandlung gilt der gebundene Ladenpreis.

Abbildungen Flaschen: © Alba Import – Seiten 72 rechts, 120 unten // © Beam Suntory Deutschland GmbH – Seiten 46, 53 unten // © Borco-Marken-Import – Seiten 53 oben, 56, 77 oben, 81 unten // © Castle Brands – Seiten 78 oben, 118 // © Celtic Whiskey Shop – Seiten 77, 78 unten, 97, 98, 123 // © Connacht Whiskey Company – Seite 60 // © Destillerie Kammer-Kirsch – Seite 57 // © Diageo Germany GmbH – Seite 111 // © Diversa Spezialitäten – Seite 49 unten // © Eggers & Franke – Seite 44 // © Martin Glock, www.alleswhisky.de – Seite 99 // © Kirsch Whisky – Seiten 48 oben, 50 oben, 52, 54, 59, 63–65, 69 rechts, 72 links, 119 // © Lambay Irish Whiskey Company – Seite 121 // © Na Cuana, Boann Distillery – Seite 94 // © Pearse Lyons Distillery – Seite 104 // © Pernod Ricard – Seiten 48 unten, 49 oben, 50 unten, 69 links, 76, // © Sliab Liag Distillery – Seite 112 // © Mareike Spitzer, www.irish-whiskeys.de – Seiten 61, 95, 96, 101, 106, 116, 120 oben, 124

Weitere Abbildungen & Illustrationen: © iStock.com – Seiten 7, 29 und 67 sowie Buchrücken: DenPositev; Seite 13: suricorna; Seiten 23 und 115: Pimpay; Seite 43: Lisitsa; Seite 58: jonpic; Seiten 75 und 127: vectortatu; Seite 83: Sergio Bellotto; Seite 86: KevinAlexanderGeorge; Seite 93: Maciej Grabowicz; Seite 94: MNStudio; Seite 100: Irina274; Seite 104: Angelafoto; Seite 113: Rainbow79; Seiten 125 und 149: csfotoimages; Seite 136: folonio; Seite 139: Pimonova; Seite 147: Mellok; Seite 151: Man_Half-tube // © Gregor Haslinger, www.whiskyspirits.de – Seiten 11, 17, 24–27, 34–41, 79, 81 oben, 85, 90, 102–103, 130–135, 142–143 // © Pernod Ricard – Seite 47 // © Beam Suntory Deutschland GmbH – Seiten 32, 70–71 // © Borco-Marken-Import – Seiten 20, 54, 80, 141 // © vecteezy – Seite 160

Lektorat: *Hädecke-Team* · Schlusskorrektur: *nvsg*
Gestaltung, Karten & Satz: *Julia Graff*
Gesetzt in der Brandon Grotesque und Brandon Printed (HvD Fonts), mit Schmuckelementen der Celtic Knots™ (Clanbadge)
Reproduktionen: *FSM, Münster* · Druck: *Himmer, Augsburg*
Printed in Germany 2019

Hinweis: Die bei den einzelnen Destillerien und Whiskeys genannten Angaben sind ständig aktuellen Veränderungen unterworfen und entsprechen dem Stand von Januar 2019. Aktuelles wird in regelmäßigen Abständen auf der Website zum Buch bereitgehalten: **www.irish-whiskey-buch.de**

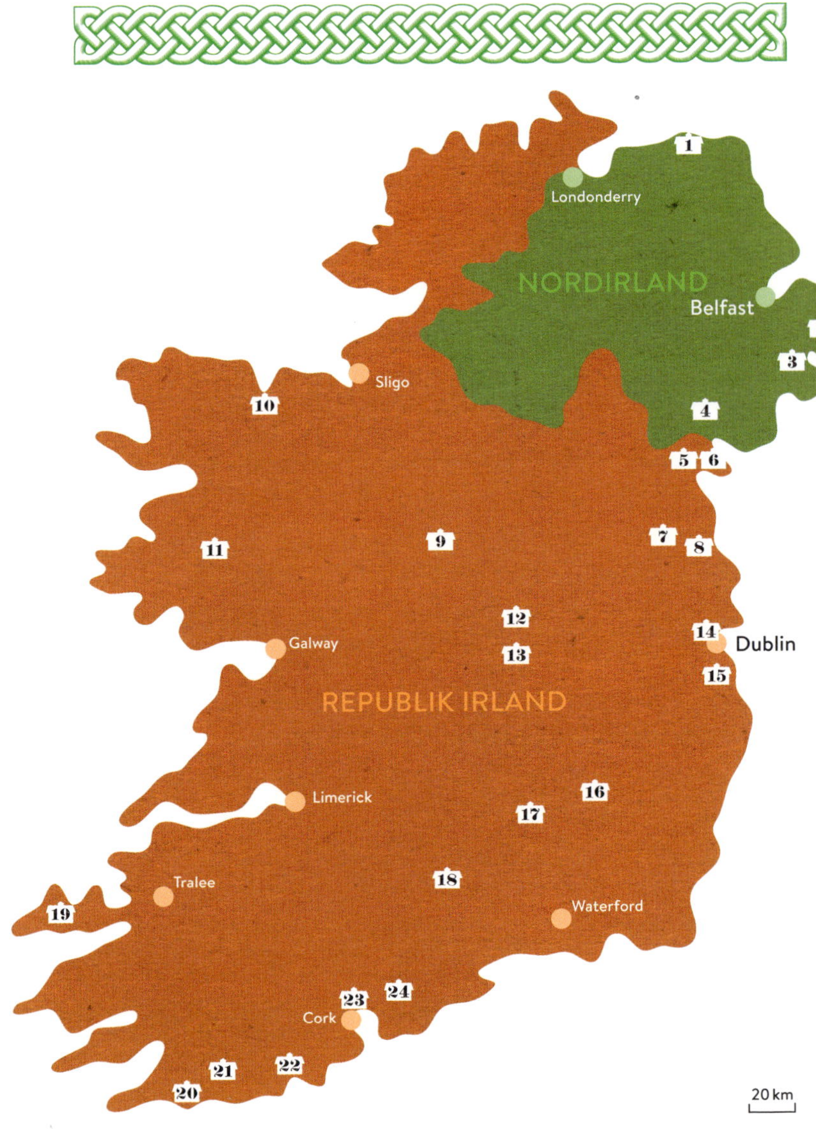

1 · Bushmills / 2 · Echlinville / 3 · Rademon Estate / 4 · Matthew d'Arcy
5 · Great Northern / 6 · Cooley / 7 · Slane Castle / 8 · Boann / 9 · Lough Ree / 10 · Connacht / 11 · Lough Mask /12 · Locke's & Old Kilbeggan / 13 · Tullamore / 14 · 3 × Dublin: Teeling, Pearse Lyons & The Dublin Liberties / 15 · Powerscourt / 16 · Walsh / 17 · Ballykeefe / 18 · Tipperary / 19 · Dingle / 20 · Cape Clear / 21 · West Cork / 22 · Clonakilty / 23 · Saint Patrick's / 24 · Midleton